新・世界の日本人ジョーク集

早坂 隆
ノンフィクション作家

605
中公新書ラクレ

はじめに

『世界の日本人ジョーク集』の刊行から、はや一〇年もの月日が流れた。

読者の皆様にとって、この過ぎ去りし歳月とは、どのような日々だったのであろう。悲喜交々《こもごも》、山あり谷あり、紆余曲折。それぞれの人生に様々なドラマがあったに違いない。

そんな個々の人生と同じく、日本という国家もこの一〇年間に多くの体験を重ねた。東日本大震災、政権交代、オリンピックの招致。そして、もはや忘れ去られてしまった事件や流行、スキャンダルの数々。

また、国際社会においても、ＩＳ（過激派組織「イスラム国」）の台頭や中国の大国化、イギリスのＥＵ離脱交渉、トランプ政権の誕生など、多様な変化が立て続けに起きている。まさに、有為転変は世の習い。

そんな中、「世界が日本を見る目」はどう変わったのであろう？　あるいはさほど変わっていないのか？

前作同様、世界各地で楽しまれている「日本人が出てくるジョーク」を通じて、彼らの対日観を探っていきたい。自国に対して過度な自虐に陥るのもつまらぬし、ただただ礼賛するのも憚られる。「笑いを通じた日本論」くらいがちょうど良い。風刺や諧謔こそ真理を炙り出す。

無論、前作を読んでいなくても、不都合なく楽しめる内容となっている。

考えてみれば、私たちの日々の生活環境も大きく変わった。一〇年前はツイッターもフェイスブックもまだ黎明期だった。しかし、今ではこうしたSNSの世界において、様々なジョークが国境を越えて自在に飛び交っている。結果、ジョークの多様性も進んだ。ただし、ネット空間は玉石混淆。今までにない角度からの議論が深まることもあれば、罵詈雑言の応酬になってしまう場合も珍しくない。そんなどうにもギスギスした雰囲気に、ストレスを溜めて疲れてしまっている方も少なくないだろう。

本書はそんな言論空間とは一線を画したいと思っている。紙の手触りを味わいつつ、ゆったりとページをめくり、気軽に楽しんでもらえれば嬉しい。

〈幸福だから笑うのではない。むしろ、笑うから幸福なのだと私は云いたい〉

とはフランスの哲学者、アランの言葉。日本にも「笑う門には福来る」という至言がある。

日本に笑顔多からんことを願って。

目次

◎印のついたものは解説です

【日韓関係】

第二章　技術＆経済篇　メイド・イン・ジャパンは色褪せたか？　77

第三章　観光&食文化　今や堂々の観光立国？　109

第四章　民族的性格篇　日本人は「不思議ちゃん」？　133

第五章　歴史＆宗教篇　サムライ＆カミカゼは何処へ？

181

イラスト／つだゆみ
本文ＤＴＰ／市川真樹子

新・世界の日本人ジョーク集

第一章

政治＆外交篇

国際社会での
日本の存在感は？

【日米関係】

●ウソ発見器

中国の習近平国家主席と日本の安倍首相とアメリカのトランプ大統領が、ウソ発見器にかけられることになった。ウソをつくと「ビー」とブザーが鳴る装置である。

はじめに習近平が装置に座って言った。

「私はいつも考えています。中国だけでなく世界中が豊かになればいいと」

「ビー、ビー、ビー」

次に安倍が装置に座って言った。

「私はいつも考えています。日本と北朝鮮が良き友人になればいいと」

「ビー、ビー、ビー」

最後にトランプが装置に座って言った。

「私はいつも考えています」

「ビー、ビー、ビー」

安倍首相の登場

日本の首相と言えば、かつては「コロコロ変わる」ことで世界的に有名だった。

「日本の首相は誰か？　この質問に答えることは世界一の難問である」

などと以前は囁かれたものである。

「日本の首相？　アルベルト・フジモリかい？」

そんなジョークもあった。

しかし、こういった類いの風刺は、近年ではほとんど言われなくなった。本書では安倍政権への評価などはひとまず脇に措くが、「シンゾウ・アベ」の名が広く世界に定着していることは事実である。「アベノミクス」という造語も、国際的によく知られる言葉となった。

かくして「アベ」は、ジョークの世界でもしばしば登場する存在に。主役級の「トランプ」や「プーチン」と比べれば出番は少ないが、それでも「助演男優賞」くらいにはノミネートされるであろうか。

ちなみに、「フクダ」や「カン」、「ノダ」などは、エキストラにもならなかった。

二〇一七年二月、公益財団法人「新聞通信調査会」が、世界各国で実施した「知っている日本人」に関するアンケートにおいて、アメリカで一位になったのが安倍晋三の名前であった。

ちなみに、二位は昭和天皇、三位はイチローである。

●緊急回避

日本近海で日米の共同訓練が行われている最中のことだった。日本側が無線でこう発した。

「アメリカ艦船に告ぐ。このままでは衝突の危険あり。貴艦の針路を南に変更されたし」

これに対し、アメリカ側は次のように返した。

「当艦も衝突の危険を認識している。貴艦の針路を北に変更せよ」

日本側はこう応じた。

「それは難しい。貴艦の針路を南に変更されたし」

アメリカ側がなおも発する。

「こちらはアメリカ第七艦隊の艦長である。もう一度繰り返す。貴艦の針路を北に変更せよ」

「不可能だ。再考を願う」

ついにアメリカ側は、強い口調で次のように通達した。

「こちらは航空母艦、ロナルド・レーガンである。我々は駆逐艦四隻、巡洋艦三隻など、多くの艦船を抱えている。我々の要求は、貴艦の針路の変更である。速やかにこれを行わなければ、我々は必要な手段に及ぶ」

ことここに至り、日本側はこう伝えた。

「ロナルド・レーガン、こちらは灯台である、どうぞ」

エイブ首相？

今では長期政権となっている安倍内閣だが、二〇〇六年九月の第一次内閣発足時には、世界各地で「名前を間違えられる」という事態が発生。「Abe」という綴りは英語で「エイブ」と発音されてしまうため、「日本のエイブ首相」と伝えるニュース番組が続出した。ジョージ・W・ブッシュ大統領（当時）も当初は「ミスター・エイブ」と口にしたと言われている。

当時、『ニューヨーク・タイムズ』といったアメリカの主要紙では、安倍首相の名前の後ろに括弧で「発音はAH-bay」と付記する記事が見られた。「アーベイ」というのも正確でないように思えるが、英語圏の人たちにとってはこのような表記の方が認識しやすかったのであろう。

そんな安倍首相だが、二〇一五年四月二十八日（現地時間）にはホワイトハウスを訪問。当時のバラク・オバマ大統領が主催した公式夕食会に出席し、次のようなスピーチを繰り出して会場に笑いを呼び込んだ。

「一昨日、昨日と（米上下両院合同会議で行う予定の演説の）練習を部屋でしているが、妻は私の演説を『聞き飽きた』と言って、昨日は別々に寝ることになった」

さらに、安倍首相は「野心的な米副大統領が権謀術数を駆使して大統領を辞任に追い込み、自らが後任に納まる」という内容のアメリカの人気ドラマ『ハウス・オブ・カード』を引き合いに出し、

「私はこのドラマを（麻生太郎）副総理には見せないようにしようと思っている」

と話して爆笑をさらった。

とかく「日本の政治家はユーモアに欠ける」と言われるアメリカにおいて、安倍首相が放ったジョークはなかなか好評であった。

●聞いてみたい言葉

絶対に口にしなさそうだが、ちょっと聞いてみたい言葉ベスト3
3位　安倍「実はアメリカが嫌いでね」
2位　トランプ「本当はみんなと仲良くしたいんだ」
1位　ガンジー「俺にも殴らせてくれよ」

●覇権争い

日本と中国とアメリカが宇宙での覇権を争っていた。

まず、日本が火星に有人ロケットを送り込んだ。安倍首相は火星の表面に巨大な「日の丸」を書かせた。

続いて中国が火星に有人ロケットを送り込んだ。習近平は日の丸の上から赤いペンキを塗り重ねるよう指示し、中国の国旗に書き換えてしまった。

最後にアメリカが火星に有人ロケットを送り込んだ。トランプ大統領が言った。

「中国の国旗の上に、コカコーラとでも書いておけ」

●発明

日本の企業が新たなスマートフォンを開発した。それは、子供などがスマートフォンを使い過ぎると、強制的に電源が落ち、使用を制限できるという機能の付いた製品であった。

対象となるのは、六〜十二歳の子供と、トランプ大統領だという。

トランプ大統領の登場

ドナルド・トランプ米大統領の登場は国際社会に大きな驚きをもたらしたが、強烈な個性を放つ彼のキャラクターはさっそく、格好のジョークのネタとなっている。ジョーク界に現れた久々の「大型新人」といったところであろう。前任のオバマ大統領は、ジョークの対象としてはどうにもキャラが薄かった。

そんなトランプ氏が駆使しているのが「ツイッター」。平均すると一日に「五回以上」もツイートしているという。先のジョークでは、そんな彼の振る舞いがオチとなっている。

トランプ氏がまだ次期大統領という立場だった頃、最初に会った外国の要人が安倍首相であった。その会談の内容には、世界中から注目が集まった。

会談場所となったニューヨークの「トランプタワー」で、安倍首相は日本製のゴルフのドライバーをお土産としてプレゼント。安倍首相もゴルフ好きだが、トランプ氏も「筋金入り」と知っての計らいである。トランプ氏は安倍首相にゴルフシャツを「お返し」したという。

ゴルフを趣味とする政治家は世界的にも多い。安倍首相の祖父である岸信介元首相も、時の米大統領であるドワイト・D・アイゼンハワーとやはりゴルフをしている。

ちなみに、北朝鮮の故・金正日総書記は、初めてゴルフをした際に、「一一回のホールインワン」を達成し、「三八アンダー」というスコアを叩き出したという。

独裁者は何でもお上手というわけで。

●最高の味

トランプ大統領と安倍首相がゴルフに行った。

トランプはその日、どうにも不調だった。力任せにスイングすると、彼のドライバーは大きく地面を掘り、周囲に芝や砂をまき散らした。トランプは苦笑いしながら、安倍に向かってこう言った。

「今日は調子が悪いな。しかし、ゴルフにはそんな日もある。仕方がないさ。それにしてもここは環境も良いし、すばらしいコースでしょう?」

すると安倍は、口の中に入った芝を吐き出しながらこう言った。

「まったく。本当にすばらしいお味で」

ゴルフ外交

トランプ政権発足後、初めてとなる日米首脳会談は、二〇一七年二月に催された。会談後、二人はトランプ大統領の別荘があるフロリダ州に移動。念願の「ゴルフ外交」が実現した。トランプ大統領は、先に安倍首相から贈られた日本製のドライバーを使用したとされる。コースではカートの隣に安倍首相を乗せ、自らハンドルを握って回った。難しいコースで安倍首相が堅実に刻むと、

「刻むのが好きだな！」

と楽しげに茶化したという。

気になるスコアについての質問には、二人してこう口を合わせた。

「国家機密」

安倍首相もバーディーを取るなど好調だったようだが、ドライバーの飛距離で勝るトランプ大統領が勝利したと言われている。

●負けず嫌い

トランプ大統領と安倍首相がゴルフをした。

まず安倍が打った。するとボールはグングン伸び、なんとそのままグリーンのカップ

に吸い込まれた。見事なホールインワンであった。安倍はニンマリと笑ってトランプの方を見た。

するとトランプはこう言った。

「さて、それでは私も試し打ちをするとしようか」

●どうすればいい？

トランプ大統領と安倍首相がゴルフをしていた。

とあるホール、安倍が打ったボールが大きく左に逸れ、ゴルフ場から飛び出してしまった。すると、運が悪いことに、そのボールはゴルフ場の脇を走っていたオートバイの運転手を直撃。バイクは横転し、それを避けようとした大型トラックがキャンプ場に突っ込んで炎上してしまった。キャンプ場の客を含め、多数の死傷者が発生する大事故となってしまったのである。

その報告を聞いた安倍は、真っ青な顔をして言った。

「なんてことだ。私はいったい、これからどうすればいいのだろう？」

すると脇にいたトランプがこう答えた。

「そうだな。バックスイングの際のグリップの位置を少し修正すれば、グッと良くなると思うね」

●英語

日本のファーストレディに対し、トランプ大統領は、

「彼女は英語が話せない」

と語った。

しかし、その真偽は不明である。

なぜなら、大統領自身、英語がままならないのだから。

昭恵夫人の「英語騒動」

二〇一七年七月、『ニューヨーク・タイムズ』のインタビューに答えたトランプ大統領は、ドイツで開催されたG20首脳会談後の夕食会について言及し、

「隣の席に座っていた日本の安倍昭恵・首相夫人が、英語をまったく話さなかった」

と発言。たちまち世界的な話題となった。トランプ大統領は、

「昭恵が『ハロー』も言わないほど英語を話さなかったので、世界の首脳とそのパートナーが親交を深め合った二時間近くの間、昭恵との間には会話がまったく欠けていた」と語った。

だが、これには異論が噴出。ネット上では「二〇一四年にニューヨークで行われた国際シンポジウムにおいて、昭恵夫人が英語でスピーチする動画」が拡散される事態となった。

さらには、「彼女はトランプと会話をしたくなかったから、英語を話せないフリをした」といった見方も登場。昭恵夫人を「英雄」と評する人たちまで現れたのであった。

詰まるところ、真相は藪の中。英語なら「The truth is a mystery」といったところであろう。

【北朝鮮】

●拉致問題

日米首脳会談の場で、北朝鮮による拉致問題に関する議論となった。トランプ大統領が安倍首相に次のような提案をした。

「こうなったら『目には目を、歯には歯を』ということで、北朝鮮の国民を日本がどんどん拉致仕返していくという作戦しかないのでは？」

するとＡ倍は、ため息をついてからこう答えた。

「ダメですね」

「なぜ？」

安倍が言った。

「希望者が殺到してしまいます」

●ホットライン

北朝鮮の金正恩が東京を訪れ、日本の安倍首相と会談した。

安倍の執務室には、一つの黒い固定電話が置かれていた。金正恩が聞いた。

「その電話は何ですか？」

安倍は答えた。

「これは天国とのホットラインです。日本の最新技術で開発しました。これで天使たちと会話をすることができます。通話料は一分間で五ドルです」

金正恩は部下に命じ、その電話を巧みに盗み出した。そして、さっそく平壌の自分の部屋に取り付けたのである。

金正恩は天使たちといろいろな話をした。彼は満足だった。

後日、金正恩のもとに通話料の請求書が届いた。しかし、その明細を見ると、一分間で一〇〇ドルとなっているではないか。彼は激怒して、すぐに天国に電話した。

「おい！　日本と比べて随分と通話料が高いじゃないか！」

すると天使は平然とこう答えた。

「ええ。貴国とは長距離電話となりますので」

●安倍首相の願い

ある時、安倍首相のもとに妖精が姿を現した。妖精は言った。

「一つだけ願いを叶えてあげましょう」

安倍はしばし考えた後、こう頼んだ。

「それでは我が国の借金をゼロにしてください」

すると妖精は首を横に振りながら答えた。

「ごめんなさい。国の借金をゼロにするなんて、それは無理だわ。いくら妖精でも、できないこともあるのよ」

安倍は落胆したが、やがて気を取り直してこう言った。

「それでは北朝鮮との関係の改善をお願いします。北朝鮮の人々が日本のことを理解し、好きになってくれるようにしてください」

それを聞いた妖精は、しばらく考え込んだ後、こう答えた。

「ねえ、日本の借金っていくらあるの？」

金正恩政権の誕生

二〇一一年十二月、金正日が死去。その後、「卓越した領導者」「党・軍・人民の最高指導者」として権力を掌握したのが、金正日の三男・金正恩である。

金正恩は一九八四年の生まれ。スイスに留学した経験を持ち、英語はもちろん、ドイツ語やフランス語を話せるという情報も伝わる。趣味はバスケットボールで、日本やアメリカのマンガを読むのも好きらしい。映画は『００７』シリーズの大ファンだとか。

そんな金正恩だが、最高指導者としての態度は、まさに「独裁者」そのもの。金正恩体制発足後に粛清された人物の数は、二桁に及ぶとされる。

「髪の毛一本も残すな」

との命令により、迫撃砲で処刑された事例もあったとされるが、真偽のほどはわからない。

また、彼独特の特徴的な髪型は北朝鮮国内では「覇気ヘア」と呼ばれるが、欧米などでは「電話の受話器のよう」との理由から「テレフォン・ヘッド」なる呼称で笑いのネタに。米戦略国際問題研究所（CSIS）の上級顧問であるエドワード・ルトワック氏は、著作『戦争にチャンスを与えよ』の中で「北朝鮮の特異点」としてユーモラスにこう指摘している。

「一つは、リーダーのヘアスタイルがひどい、ということだ」

●報道

安倍首相と金正恩が腕相撲をした。結果は安倍の勝利であった。

翌日、北朝鮮の国営メディアは一斉にこう伝えた。

「偉大なる金正恩党委員長が世界で第二位の大記録」

「安倍は最下位から二番目」

●任期

トランプ大統領と安倍首相と金正恩の前に神様が現れた。トランプが神様に聞いた。

「神様、アメリカはいつになったら国民みんなが幸せな生活を送れるようになるでしょうか？」

神様は答えた。

「一〇年後だ」

トランプは言った。

「残念だ。私の任期は終わっている」

次に安倍が聞いた。

「神様、日本はいつになったら国民みんなが幸せな生活を送れるようになるでしょうか？」

神様は答えた。

「二〇年後だ」

安倍は言った。

「残念だ。私の任期は終わっている」

最後に金正恩が聞いた。

「神様、北朝鮮はいつになったら国民みんなが幸せな生活を送れるようになるでしょうか?」

それを聞いた神様はうつむいてこう答えた。

「残念だ。その頃には私の任期は終わっている」

北朝鮮の庶民の本音

ミサイル発射や核実験を繰り返し、国際社会からの孤立を深める北朝鮮。

二〇一七年七月四日、北朝鮮はＩＣＢＭ(大陸間弾道ミサイル)を発射したが、これに対しトランプ大統領はツイッターで、

「この若造(註・金正恩)は人生で他にすることはないのか」

とツイート。一方の金正恩は、

「非常に絶妙なタイミングで、傲慢なアメリカの顔を殴りつける決断をした」

と述べた。

その後も両者の舌戦は続き、八月にはトランプ大統領が、

「北朝鮮はこれ以上、アメリカを脅かさないのが最良だ。さもなくば、北朝鮮は世界が見たことがないような火力と怒りに直面するだろう」

と発言するに至った。

そんな緊迫の度合いを増す朝鮮半島情勢だが、当の北朝鮮の人々の民意はどこにあるのだろうか？

私が以前に訪れたサダム・フセイン時代のイラクでは、街の中で「フセイン批判」をすることなど決してできなかった。しかし、家やクルマの中に入ると、彼らは少しずつ本音を漏らしてくれるのだった。

「うちの大統領はサングラスが好きでね。その顔はまるでパンダだ。しかし、パンダというのは、平和や友好の証しとしてかつて中国から日本に贈られたんだろう？　じゃあ、うちの大統領は違う。彼は戦争の象徴だから」

「大統領を尊敬しているかって？　もちろん、一〇〇%だ。いや、一〇〇〇%だな。マイナス、ね」

現在の北朝鮮にも同じような状況があると聞く。庶民の間には、金正恩のことを「ブタ」「幼稚園児」「洗濯物」などと蔑む表現が広く定着しているという。「洗濯物」と聞いてもピンと来ないが、これには「汚い」といった意味が込められているらしい。

どんな独裁者も、国民一人ひとりの口まで封じることはできない。国民というのは常にしたたかなものだ。人の口に戸は立てられぬ。英語ではこう言う。

「Who can hold men's tongues?」（誰が人の舌を押さえておくことができる？）

●質問

平壌の大学で、教授が学生たちに言った。

「我が国の宇宙技術は著しい発展を遂げている。あと数年もすれば、月や火星、さらには木星にも行けるようになるであろう」

それを聞いた一人の学生が、手を挙げて聞いた。

「では、我々はいつになったら東京に行けるのでしょうか？」

●一〇年後

日本の安倍首相が金正恩に言った。

「もし私に北朝鮮を任せていただければ、一〇年で日本並みにしてあげますよ」

それを聞いた金正恩がこう口を開いた。

「それは私も同じことです」

安倍が聞いた。

「どういうことですか？」

金正恩が答えた。

「もし私に日本を任せていただければ、一〇年で北朝鮮並みにしてあげます」

【日露関係】

●**質問**
プーチン大統領がモスクワの小学校を訪問した。教室の教壇に立ったプーチンは子供たちにこう言った。

「何か質問はあるかな？」

するとアレクセイが手を挙げて聞いた。

「大統領に三つの質問があります」
1　ロシア政府は汚職にまみれているのではないですか？
2　クリミア併合は侵略ではないのですか？
3　南クリル諸島（註・北方領土）は日本のものではないのですか？
プーチンはしばらく無言のまま立ち尽くしていたが、やがてチャイムが鳴ったので休憩となった。子供たちは教室から出ていった。

休憩が終わり、再び大統領への質問が始まった。今度はニコライが手を挙げて聞いた。

「大統領に五つの質問があります」
1　ロシア政府は汚職にまみれているのではないですか？
2　クリミア併合は侵略ではないのですか？
3　南クリル諸島は日本のものではないのですか？
4　さっき、いつもより三〇分も早くチャイムが鳴ったのはなぜですか？
5　アレクセイはどこへ行ったのですか？

プーチン大統領の存在感

二〇一七年六月、ロシアの独立系世論調査機関である「レバダ・センター」が発表した調査結果によると、「ロシア人が選ぶ歴史上の偉人」の第一位に輝いたのは、ソ連時代の指導者であるヨシフ・スターリン。そして同率の二位に付けたのが、文豪のプーシキンとウラジーミル・プーチン大統領であった。世界の多くの人々にとっては首をひねらざるを得ないような結果であるが、考えようによっては、かの国の本質を如実に表した順位だとも言えよう。

プーチン氏は一九五二年、ソ連時代のレニングラード（サンクトペテルブルク）の生まれ。元KGBのエージェントという経歴は、よく知られている通りである。

元情報部員というだけあって、その過去には謎の部分が多い。そんな彼のことを、帝政ロシア時代の怪僧・ラスプーチンと引っかけ、「ラス・プーチン」と揶揄する風刺もある。また、天然ガスの輸出に力を入れていることから「ガス・プーチン」と笑う言葉遊びもある。

プーチン氏は「遅刻の常習犯」としても有名。イギリスのエリザベス女王を一四分待たせ、ドイツのメルケル首相との会談には約四時間遅れで登場した。さらには、ローマ教皇を一時間ほど待たせたという「武勇伝」も。しかも、二度。

二〇一六年十二月、山口県長門市で行われた安倍首相との会談の際にも、三時間ほど遅れて現れた。このような遅刻は、交渉を優位に進めるための意図的な戦術だという説もある。ともかく「強烈なキャラクター」であることは間違いない。

●二つの解決法

問い・日本の島々を占拠するロシア。解決策はあるだろうか？

答え・二つの可能性が考えられる。一つは自然な解決策、そして、もう一つは超自然的な解決策である。

自然な解決策とは、天から降りてきた神が、島に住むロシア人たちをモスクワまで連れて帰ることである。

超自然的な解決策とは、ロシア人が考え方を改め、自らの意志で祖国に帰ることである。

柔道家としてのプーチン

プーチン大統領の趣味は柔道で、段位は八段。ヨーロッパ柔道連盟（ＥＪＵ）や国際柔道連盟（IJF）の名誉会長といった要職も務めている。小さい頃、不良少年だった彼が立ち直るきっかけとなったのが、柔道との出会いだったとか。そんな彼は柔道のことを、

「柔道は単なるスポーツではない。柔道は哲学だ」

と語っている。プーチン氏の尊敬する人物の一人は、日本の柔道家・山下泰裕氏だという。

北方領土交渉の際には、柔道の用語を使って日本側を牽制。二〇一二年三月に行われた記者会見の場では、

「北方領土問題を最終的に解決したいと強く願っている。私が大統領になったら、一方に日本の外務省、もう一方にロシアの外務省を置き、彼らにこう言います。始め！」

柔道の試合開始の合図である「始め」という言葉を使って、自らの姿勢を表明したわけである。プーチン氏はさらにこう続けた。

「私たちが目指すべきは何らかの勝利ではない。私たちは妥当な譲歩を目指すべきだ。いわゆる『引き分け』みたいなものですね」

「引き分け」が何を意味するのか、日本側がその真意を探る対応に追われたのは言うまでもない。ロシア側が思う「引き分け」と、日本側が想定する「引き分け」が、軌を一にしているとは考えにくいためである。

●私の国

トランプ大統領と安倍首相とプーチン大統領が、同じ飛行機で一緒に移動していた。

トランプが窓の外を眺めながらこう言った。

「どうやら私の国に入ったようです」

他の二人が聞いた。

「どうしてわかるのですか?」

「ほら、窓の外を見てください。あれが自由の女神ですよ」

数時間後、安倍がこう言った。

「どうやら私の国に入ったようです」

他の二人が聞いた。

「どうしてわかるのですか?」

「ほら、窓の外を見てください。あれが富士山ですよ」

そのまた数時間後、今度はプーチンがこう言った。

「どうやら私の国に入ったようです」

他の二人が聞いた。

「どうしてわかるのですか？」

「ほら、私の手首を見てください。腕時計が盗まれました。これが私の国です」

【日中関係】

●大きなウソ

日本人と中国人がバーで一緒に飲んでいた。二人は「どちらが大きなウソをつけるか」で勝負することにした。中国人が言った。

「ではまず、私からでいいかな？」

「どうぞ」

中国人はこう話し始めた。

「ある日、北京に住む一人の中国人紳士が……」

日本人が言った。

「まいった。君の勝ちだ」

●ロゴ

中国の習近平国家主席のもとに、日本のフジヤマ・コーポレーションから電話がかかってきた。

「あなたの国の国旗に我が社のロゴを入れてもらいたい。金ならいくらでも出そう」

それを聞いた習近平は大声をあげて怒鳴った。

「冗談じゃない！　馬鹿なことを言うな！」

電話を切った習近平は、イライラした様子で言った。

「なんて非常識な奴らだ。いまいましい。そんなこと、できるわけないじゃないか！」

習近平は続けた。

「まだファイブスターホテルとの契約が残っているのだから」

●おもてなし

東京で日中首脳会談が開かれた。安倍首相は習近平国家主席を懸命にもてなした。会談では笑みを浮かべ、会談終了後には硬く握手を交わし、マスコミの質問にも丁寧に応

じた。夜には豪華な夕食会も主催した。

翌日、習近平は中国へと帰国した。習近平を見送った安倍に対し、側近の一人が言った。

「さぞお疲れでしょう？　何も問題が起きずに良かったですね」

「ああ、何とかな。しかし、まあ、なかなか愉快な時もあったよ」

「そうでしたか。いったいどんな時が愉快だったのですか？」

安倍はこう答えた。

「彼を見送った時だね」

大国化する中国

この一〇年で、中国はジョークの世界でも存在感を増した。以前は中国というと

「人口が多い」「何でも食べる」「自転車に乗っている」くらいの登場シーンしかなかったが、近年では様々な場面で顔を出すようになった。それは国際社会における存在感の増大とそのまま比例関係にある。

ただし、その多くはジョークの「オチ」として辛辣に揶揄されるもの。決して「憧れ」や「尊敬」といったポジティブなイメージで語られているわけではない。「チャイニーズ・クール」という言葉はいまだに生まれない。日本を含め、多くの国々が感じている「中国への警戒心」が、そのまま風刺や皮肉へと繋がっている。

また、総じて共産主義を笑うジョークは二十世紀から「定番ネタ」として根強い人気を誇るが、ソ連が崩壊した後、その「伝統芸」を継承しているのが中国だとも言える。

そんなジョークの中には、日本との対立を扱ったものも少なくない。以下は、中国のネット上で広まったジョークの一部をまとめたもの。やや意外かもしれないが、かなり自虐的なのが特徴である。

●帰属の証明

釣魚島（註・尖閣諸島）の帰属を確かめる方法。

1　釣魚島でデモを行う。認可されれば日本領。認可されなければ中国領。
2　釣魚島でパソコンを開く。ツイッターとフェイスブックが見られれば日本領。見られなければ中国領。
3　釣魚島に無職の人々を送り込む。AVを作り始めたら日本領。売り始めたら中国領。
4　釣魚島にサッカーチームを作る。一ヵ月後、野球チームになっていたら日本領。八百長で摘発されていたら中国領。
5　釣魚島に犬を送り込む。一ヵ月後、犬の映画ができていたら日本領。レストランができていたら中国領。

中国のネット規制

先のジョークの「2」では、中国国内におけるネットの規制がネタにされている。中国共産党による情報管理は、かなり細かなレベルにまで達している。中国国内には「インターネットポリス」が三万人以上いるとも言われ、とりわけ政権に対する批判は厳しい検閲の対象となる。

ツイッターやフェイスブックはもちろん、グーグル、ユーチューブ、インスタグラムなども基本的に利用できない状況。中国政府はネット上の言論が、政権批判に向かうことを極度に恐れている。

二〇一七年七月には、中国版ツイッターの「微博《ウェイボー》」などで、「くまのプーさん」を意味する「維尼熊《ウェイニーシュン》」といった言葉が検索できなくなり、ネット上で騒動となった。中国国内ではこれまでも、

「習近平はくまのプーさんに似ている」

というネタがたびたび出回っていたが、これを当局が取り締まった結果だと見られる。

さらに、『ドラえもん』のキャラクターである「ジャイアン」（中国名・胖虎《パンフー》＝太った虎の意味）も検索不能に。こちらも「習近平と似ている」というのがその理由らしい。

どちらの規制も現在は解除されているようだが、当局は随分と神経質になっている様子。アニメのキャラクターまで取り締まりの対象となってしまうとは、とんだ大国である。

●新聞報道

天安門広場で女性が強盗に襲われそうになった。すると近くにいた一人の青年が強盗を殴り倒し、女性を助け出した。

すぐに駆け付けた新聞記者が、青年に声をかけた。

「すばらしい勇気ですね。ぜひ明日の一面で紹介したいと思います。見出しは〈北京の英雄が女性を救う！〉。これでいきますね」

するとと青年は言った。

「いえ、私は北京出身ではないので」

「では〈中国の英雄が女性を救う！〉にしましょう」

「いえ、私は中国人ではないのです。実は私は日本人なんですよ」

翌朝、新聞の一面にはこう書かれていた。

〈天安門広場で日本人が中国人に暴力をふるう！〉

●日本人がいない場所

飛行機に二人の中国人が乗っていた。彼らの前の座席には、一人の日本人が座っていた。日本人の存在に気が付いた中国人たちは、わざと大きな声でこんな会話を始めた。

「旅先で日本人に会うと嫌な気分になるね」

「あいつらはどこにでもいるからなあ」

「どこか日本人のいないところにでも行きたいものだね」

中国人たちはそう言って笑い合った。すると、日本人は立ち上がって振り返り、中国人たちに向かってこう言った。

「それなら地獄に落ちな。あそこは中国人だらけで日本人はいないから」

●トイレ

東京のとあるレストラン。中国人の団体客が、周囲の迷惑も顧みず、大きな声で喚きながら食事をしていた。やがて、その中の一人の中国人男性が、偉そうな態度でウェイターに聞いた。

「おい！ ウェイター！ トイレはどこだ？」

日本人のウェイターは、丁寧な口調で話し始めた。

「その角を右に曲がったところです。入口が二つありますが、『婦人用』と書かれた方には入ってはいけません。そして、もう一つには『紳士用』と書かれていますが、あなたも入っていただいて結構です」

●崖っぷち

中国人の教師が生徒に聞いた。

「日本の状況はどうなっていると思うか？」

「はい。日本はすでに崖っぷちに立っております！」

「よし。では我が中国の状況はどうか？」

生徒は答えた。

「はい。中国は常に日本の一歩先に立っております！」

●ニワトリの卵

その日本人の自宅の隣には中国人が暮らしていた。ある朝、日本人の飼っていたニワトリが、中国人の家の庭で卵を産んだ。

卵を見つけた中国人は喜び、何も言わずに手に取って持っていこうとした。それに気付いた日本人が声をかけた。

「ちょっと待て！　うちのニワトリが産んだのだから、その卵は私のものだ」

しかし、中国人はこう言った。

「いや違う。私の庭にあったのだから私のものだ」

結局、いくら言い争っても結論が出ない。そこで、日本人がこう提案した。

「それでは、こうして決めたらどうだろう？　順番に相手の股間を思いっきり蹴り上げて、先にギブアップした方が諦めるというのでは？」

「面白い。いいだろう」

「ではまず、私から」

日本人は中国人の股間を全力で蹴り上げた。カラテの使い手であるその日本人の蹴りに中国人は悶絶したが、持ち前の忍耐力でなんとか我慢した。苦痛に顔を歪めながら、中国人が言った。

「それでは次は私の番だ。行くぞ！」

するとと日本人が言った。

「ギブアップ。ほら、卵を持っていきな」

偽物大国・中国

「偽物大国」とも揶揄される中国。街には多くの「パクリ商品」が溢れている。

「ニンテンドウ」ではなく「ヨンテンドウ」、「吉野屋」ではなく「牛野屋」、フライドチキンのチェーン店は「ＫＦＣ」ではなく「ＫＦＧ」。ちなみに「ＫＦＧ」の看板には、カーネル・サンダースではなく、見たことのない謎の中年男性の肖像画が描かれている。

その他、「シャネルの電池」や「グーグルのトイレットペーパー」、「レクサスの自転車」を自称する商品も。私にとってそうした「バッタもん」との出会いは、もはや中国訪問時の楽しみの一つになっている。「パクリ文化」もここまでくれば一つの芸か。無論、悪質なものは良くないが。

そんな中、日本のコクヨが製造する「Campus ノート」を真似た「Gambol ノート」なる商品が出現。そこでコクヨが採った戦略は、抗議でも放置することでもなく、「Gambol を買収する」という大胆とも思える一手であった。コクヨはこうして「中国進出」への土台を築くことに成功したのである。「禍を転じて福と為す」といったところであろうか。

中国のパクリ商品に悩む日本企業は少なくないが、コクヨの決断は一つのヒントになるかもしれない。

●喧嘩の原因

日本人と中国人が殴り合いの喧嘩をしていた。駆け付けた警察官に対し、中国人がこう叫んだ。

「とにかく、ひどい話なんですよ！」

警察官が聞いた。

「いったい何が喧嘩の原因なんだ？」

中国人が答えた。

「この日本人が私に殴り返してきたのが喧嘩の原因です」

●言論の自由

安倍首相と習近平国家主席が話をしていた。安倍が習近平に言った。

「我が国では言論の自由が保証されています。ですから、国会議事堂の前で私の悪口を言っても逮捕されません」

するど習近平が言った。

「それは我が国も同じです」

習近平が続けた。

「天安門広場であなたの悪口を言っても、誰も逮捕されませんよ」

●完全なる平等

安倍首相が中国を訪問し、大学を視察した。習近平国家主席が誇らしげに言った。

「この大学は完全なる平等を実現しています。例えばこのクラスでは、労働者階級が三〇人、農村出身者が二〇人、さらにはチベット人が五人、ウイグル人も五人と、それぞれ異なる身分や出自の者たちが共に学んでいます。いかがですか？　資本主義国家の日本では、労働者や農民の割合はどうなっていますかな？」

それを聞いた安倍は困った顔をして答えた。

「さあ、よくわかりません。そんなこと、考えたこともありませんから」

●核攻撃

トランプ大統領と安倍首相と習近平国家主席が、それぞれ「核兵器など恐くない」という内容の演説をした。トランプはこう言った。

「核大国であるアメリカに対し、核攻撃をしてくる国などない！」

安倍はこう言った。

「アメリカと強固な同盟関係にある日本に対し、核攻撃をしてくる国などない！」

習近平はこう言った。

「一発で一〇〇万人が死ぬ核兵器が一〇〇発落ちたとしても、我が国の国民はまだ一二億人もいる！」

中国の軍拡

イギリスの有力シンクタンク「IISS（国際戦略研究所）」が発表した「ミリタリー・バランス2017」によると、アジア各国の国防費（二〇一六年）の内、実に三九・四％が中国に集中しているという。同報告書では、中国が進める南シナ海の軍事化はもちろん、西太平洋やインド洋の支配権確保を狙う姿勢に対しても、強い懸念が示されている。

さらに、「中国は対艦弾道ミサイルの配備や高度な防空システムなど装備の最新鋭化を柱とした近代化の他、宇宙空間やサイバー攻撃への対応など研究開発も進めている」との指摘も。中国の軍事大国化は、アジアのみならず国際社会全体にとって深刻な不安材料である。

十九世紀の帝国主義を彷彿とさせるような拡張主義は容認できない。

ただし、その実態は「紙の龍」だとする論考も。中国軍が有する装備は、中国政府のハッカーがアメリカなどから盗んだ設計図をもとにして造られたものが大半だという話もある。実際の戦闘において、これらの兵器がどこまで機能するかは未知数といったところか。

それでも、日本としては「困った隣人」を放っておくわけにもいかない。私は以前、旧ユーゴスラビアのセルビアやボスニア・ヘルツェゴビナ、コソボ自治州などを巡った際、多民族地域ならではのこんな言葉を耳にしたことがある。

「全人類を愛することは簡単だが、隣人を愛することは難しい」

言い得て妙である。

●正しさ

中国人が日本人に言った。

「自分の意見を絶対に正しいと思っている人間は愚かだ」

それを聞いた日本人が尋ねた。

「なるほど。だが、あなたのその意見は本当に正しいのだろうか？」

中国人は言った。

「もちろん、絶対に正しい」

複雑な対日感情

何かと日本と衝突することの多い中国。政治や歴史認識の分野における根強い「反日」にはどうにも辟易するが、スポーツや文化の面では、また違った表情を垣間見せる。

卓球の中国リーグで活躍した福原愛選手は、「瓷娃娃《ツーワーワー》」なる愛称で大変な人気だが、これは「磁器の人形」という意味。福原選手の「白くてきれいな肌」に由来し、「人形のようにかわいらしい」という感情が込められているという。

二〇一六年九月、福原選手は台湾出身の卓球選手である江宏傑さんと結婚。福原選手は中国版ツイッター「微博」で結婚の報告をしたが、その際には実に一時間で三万件もの「いいね」が寄せられた。ネット上に溢れた書き込みの大半は、祝福の言葉であった。

また、文化面においては、アニメやマンガはもちろん、近年では日本の小説が多くの読者を獲得。東野圭吾、村上春樹、渡辺淳一といった日本人作家の作品が、多くの書店で山積みとなっている。

中国人の日本に対する感情は、なかなかややこしいようで。

●非常識

日本を旅行中の中国人が、北京に住む友人にメールした。

「まったく日本人というのは常識のない連中だよ。ホテルの右隣の部屋の奴なんか、一晩中、何やら日本語で怒鳴りまくるんだぜ。左隣の奴なんか、壁をドンドンと叩いてくる。まったくどうかしているよ、日本人は」

友人はこう返信した。

「それは大変だね。それで君はどうしているの？」

彼はこうメールした。

「俺かい？　俺はいつも気晴らしに大声で歌を唄っている」

【日韓関係】

●友人か兄弟か

韓国人が日本人に言った。

「韓国は日本にとって大切な友人ということになるだろうね」

日本人が答えた。

「いや、友人というよりも兄弟というべきだろう」

それを聞いた韓国人は、満足そうにうなずいて言った。

「なるほど。本当にそうですね」

日本人が言った。

「友人は選べるけれど、兄弟は選べないからね」

●喧嘩

ソウルの交番に、韓国人の青年が駆け込んできた。

「大変です！　韓国人と日本人が一時間も前から殴り合いの喧嘩をしています！　すぐに来てください！」

警察官が言った。

「わかった。すぐに行こう。しかし、一時間も前からって、なぜもっと早く来なかったのかね？」

すると青年は言った。

「だって、さっきまでは韓国人の方が優勢だったものですから」

韓流ブームを経て

日本の隣国である韓国。かつては日本にも「韓流ブーム」なる時代があったが、それも「今は昔」。近年では両国関係の悪化が、すっかり定着している。

歴史や領土に関する認識の違いは極めて大きく、抜本的な解決策を見出すことは難しい。

ソウルに行くと、空港や地下鉄の駅構内に竹島（韓国名・独島）の模型が展示されている。韓国国内の小学校には「独島は我々のものだ」というポスターが貼ってあったりする。そんな韓国の国をあげてのPR戦略と比べると、日本の対応は遅きに失している感が否めない。

二〇一七年五月には文在寅政権が発足。弾劾訴追された朴槿恵時代からの一新を図っているが、山積する課題に対していまだ明確な解答を提示できずにいる。

文在寅は北朝鮮に対して「融和的」とされる。そんな文の親北的な外交姿勢は、アメリカなどでは「月光政策《ムーンシャイン・ポリシー》」と評される。これは、かつて金大中が掲げた「太陽政策《サンシャイン・ポリシー》」と、文の姓「Moon」を掛けた洒落である。

また、日本に対しては、「不可逆的」「最終的」と謳ったはずの慰安婦に関する日韓合意を蒸し返すなど、反日的な政策を次々と打ち出している。ソウル市内には慰安婦像を乗せた「慰安婦バス」まで登場。ジョークのようなことが現実に起こる国である。

●自由の範囲

一人の韓国人が日本人を殴った。韓国人はこう叫んだ。

「私には自分の腕を自由に振り回す権利がある」

するとと日本人はこう答えた。

「しかし、その権利は私の鼻の直前までが範囲のはずなんですよ」

●席の変更

とある飛行機の機内で、一人の韓国人が乗務員にこう叫んだ。

「席を替えてくれ！」

乗務員が聞いた。

「何かありましたか？」

韓国人は大声で怒鳴った。

「隣が日本人なんだ。俺は日本人が大嫌いでね。一緒にいるのが嫌なんだよ」

「それでは空席を確認してまいります」

しばらくして乗務員が戻ってきて言った。

「お待たせいたしました。ファーストクラスに空きがありましたので、そちらへどうぞ。

本来ならばこのような対応はできないのですが、このままでは快適な空の旅が台無しになってしまいますからね。さあ、どうぞ」

周囲から大きな拍手が寄せられる中、日本人乗客はファーストクラスへと案内されていった。

●神の決定

世界を創造している最中の神様が天使に言った。

「日本という理想的な国を造ってみよう。自然豊かな国土に、美しい四季、水も豊富にあり、そこに住む人々は勤勉で穏やかな性格をしている」

それを聞いた天使が言った。

「しかし、それではあまりに不公平です。他の国の人たちから不満が出ませんか？」

それを聞いた神様は、

「それもそうだ」

とつぶやき、こう言った。

「では、隣を韓国にしておこう」

●二つのニュース

一人の韓国人のもとに、友人から電話がかかってきた。友人は興奮した声でこう告げた。

「悪いニュースと良いニュースがある」

「いったい何だい？」

「一つは今、日本に北朝鮮のミサイルが落ちて、東京は壊滅状態だそうだ」

それを聞いた韓国人が言った。

「なるほど。よくわかった。それで、悪いニュースっていうのは何？」

韓国人の対日観

韓国人が抱く日本への感情には、独特の複雑さが漂う。「日本の失敗は韓国の喜び」という心情が伝統的に根強い一方、「日本への憧れ」を持つ人々も少なくない。

ソウルには日本製のモノが溢れているが、最近では日本のビールが大変な人気。また、日本風の居酒屋も、いつも大勢の客で賑わっている。そんな光景は、

「昼は反日、夜は親日」

などと評される。

韓国のネット上では「イルポン」という言葉がしばしば使われる。これは、「日本」のハングル読みである「イルボン」と、覚醒剤の「ヒロポン」を合わせた造語で、「日本が大好きな韓国人」のことを指す。すなわち「日本中毒」という意味である。

近年、訪日する韓国人観光客も増加。韓国のネットユーザーからは、

「日本の悪口を言いながら、日本食、日本文化、日本製品に熱狂するのが私たち韓国人」

「せっかくの休日くらいは、韓国のような国ではなく、ストレスを感じない国で過ごしたいからね」

といった自虐的な声も聞かれる。

●猫

各国の人々が「猫」についての本を書いた。それぞれのタイトルは次のようなものであった。

アメリカ人「猫と英雄」

フランス人「猫、その愛」

中国人「猫の美味しい調理法」
日本人「猫と経営理論」
韓国人「猫と日本人」

●悪癖

韓国の国会議員たちが議論していた。

「私たちは、うまくいかないことがあるとすべて日本のせいにする悪癖がある。これは改めるべきではないか」

「確かにそうだ。しかし、この悪癖の原因は何だろう？」

長い議論の末、議員たちは次のような結論を出した。

「悪癖の原因は日本にある」

●タクシー

タクシーから降りる際、日本人は自国のイメージを良くするためにこう言う。

「ほら、チップだよ。私は日本人だ」

一方、韓国人はタクシーから降りる際、こう言う。
「チップなんかやるものか。私は日本人だ」

●共通の話題

問い・日本人と中国人の間で、最も盛り上がる話題とは？
答え・韓国の悪口。

危うい中韓関係

日中、日韓の関係性の悪化がとかく話題となるが、実は中国と韓国の二国間関係も極めて不安定。中国国内で「嫌いな国」のアンケートを取ると、日本を押さえて韓国が一位になることもしばしば。

中韓両国が国交正常化したのは、冷戦終結後の一九九二年と意外に遅い。その後、経済分野での協力関係は密になっているものの、近年では韓国国内における「高高度ミサイル防衛システム（ＴＨＡＡＤ）」の配備を巡って中国側が激しく反発。配備地を提供した韓国ロッテグループは、中国で展開するロッテマート九九店舗の内、八七店の営業を中断。二〇一七年九月には「撤退」の報道も流れた。

中国は「韓国文化の締め出し」への動きも強めている。二〇一七年三月からは、韓国への団体旅行を事実上制限。さらに、中国共産党機関紙系『環球時報』（二〇一七年九月七日付）は、ＴＨＡＡＤの配備を完了させた韓国に対し、次のような過激な言葉を並べた。

「韓国の保守主義者はキムチばかり食べて頭がおかしくなったのか」

「韓国は寺や教会が多いのだから、その中で祈ってろ」

日本を含め、微妙な関係性の続く「日中韓」だが、韓国ではこの「呼び名」自体が議論になることも。日本では「日中韓」だが、中国では「中日韓」。韓国側からすると、

「なぜいつも韓国が最後なのか」

というわけである。

ちなみに韓国では「韓中日」という表記が一般的。ただし、日本はもちろん、中国でもこのような「順番論争」が話題になることはほとんどない。

●友達

一人の韓国人が、中国人に殴られた。それを聞いた日本人が、韓国人にこう話しかけ

た。

「君は私の友人に殴られたらしいね」

「友人？　君はあの中国人を知らないだろう？」

すると、日本人は笑って言った。

「まあね。でも、今は友達さ」

●祈り

中国人と韓国人と日本人が話をしていた。中国人が言った。

「私は韓国人がこの世からいなくなるよう祈る」

それを聞いた韓国人が言った。

「私は中国人がこの世からいなくなるよう祈る」

日本人は黙っていた。二人が聞いた。

「君は何か祈ることはないのか？」

日本人はこう答えた。

「特に祈ることはない。二人の祈りがしっかり叶ってくれれば」

第二章

技術&経済篇

メイド・イン・ジャパンは
色褪せたか?

【自動車】

●新型霊柩車

東京モーターショーで、日本の自動車会社が「新型霊柩車」を発表した。世界中から集まった報道陣に対し、社長が言った。

「この新型霊柩車には、環境に配慮した独自の省エネ技術が盛り込まれています」

報道陣から質問が飛んだ。

「どのような技術なのでしょうか？」

社長が答えた。

「遺体を焼きながら、その熱エネルギーで走行するんです」

●社長と部下

日本車メーカーの社長が、工場の視察に赴いた。社長は部下たちを連れて工場内を回っていたが、途中でふと足を止めてこう言った。

「エンジニアにとって最も大切なのは、自動車に対する愛だ。私はこんなことができる」

社長はそう言って、エンジンオイルの中に自らの指を突っ込んだ。そして、彼はおもむろに指を舐めたのである。社長は言った。

「君たちはできるか？」

部下たちは内心では困惑しながらも、社長の言葉に従うしかなかった。彼らはエンジンオイルの中に指を入れ、そして舐めた。

そんな部下たちの姿を確認した社長は、喜ぶどころか下を向き、深くため息をついた。社長が言った。

「エンジニアにとって二番目に大切なのは、鋭い観察力だ。いいか？　私がエンジンオイルに入れたのは人差し指。だが、舐めたのは中指なんだよ」

●母へのプレゼント

アメリカ人と日本人と中国人が、離れて住む母親の誕生日にそれぞれプレゼントを買った。

アメリカ人は豪邸をプレゼントした。部屋数は一〇室以上もあり、広い庭にはプールも付いていた。

日本人はクルマをプレゼントした。自動運転機能の付いた最新式で、燃費も抜群に良いクルマだった。

中国人はオウムをプレゼントした。話すのがとても上手で、歌を唄うのも得意なオウムだった。彼は「母親が寂しくないように」と考えたのである。

数日後、それぞれの息子のもとに母親から手紙が届いた。

アメリカ人の母の手紙にはこう書かれていた。

「素敵な豪邸をどうもありがとう。でも、母さんには必要ありません。掃除も大変です」

日本人の母の手紙にはこう書かれていた。

「素敵なクルマをどうもありがとう。でも、母さんには必要ありません。健康のためには歩いた方が良いのです」

中国人の母の手紙にはこう書かれていた。

「素敵なオウムをどうもありがとう。とても美味しくいただきました」

自動運転機能の発達

「日本と言えば自動車」というイメージは今も根強く、近年においてもさほど変わっていない。高い品質を誇る日本車は、世界各地で人々の暮らしを支え続けている。

日本車のブランド力は健在だが、近年では「自動運転」に対する関心が高まっている。元々、電子制御に関する技術では日本企業がリードしており、世界で最初に自動ブレーキの実用化に成功したのも日本のメーカーだった。しかし、最近では海外勢もこぞってこの分野に力を入れており、どの企業もライバル社に先んじようと激しい開発競争を続けている。

アメリカのフォードは二〇二一年までに、運転手を一切必要としないレベルの自動運転を実現し、量産化に入るという目標を宣言。ドイツのＢＭＷも同じく二〇二一年までの導入を目指している。

一方、日本のメーカーがメルクマールとしているのは、二〇二〇年の東京五輪・パラリンピック。同年までに「準自動パイロット」と呼ばれるレベルの走行を達成する目標を掲げている。これは「高速道路などの限られた走行区間において、車線変更を含むすべての運転動

作を自動で行う」というものである。すでにトヨタはこのレベルの実験に成功している。
次世代の自動車産業を先導するのは、どこの国の自動車メーカーであろうか。日本企業の奮起に期待したい。

●クルマ

トランプ大統領と安倍首相とプーチン大統領が「外国にはどんなクルマで行くのが良いか」という話題で論じ合っていた。トランプが言った。

「やはりアメリカのクルマが一番だ。何と言っても頑丈だからね。デザインも最高だよ」

次に安倍が言った。

「いやいや、日本のクルマが良いですよ。燃費が抜群ですし、電気自動車もあります」

プーチンは黙って二人の会話を聞いていた。トランプがプーチンに聞いた。

「君はどう思うんだ？　どんなクルマで外国へ行きたい？」

プーチンがポツリと答えた。

「戦車かな」

●プレゼント

妻の誕生日が近いという夫が、友人に言った。

「プレゼントはどうしようかな。フェラーリでも買ってやるか」

「本当かい？　君の奥さんはそんなに価値のある女性なのかい？」

「それもそうだな。ではトヨタにしよう」

「それでも凄いじゃないか。本当にいいのかい？」

「確かにな。じゃあバスの回数券でいいか」

●欠点

日本人の自動車エンジニアが死んで天国へと行った。日本人は神様にこう尋ねた。

「偉大なる創造主よ。あなたは女性を創る時、本当に真剣に取り組んだのでしょうか？」

「どういう意味だね？」

「女性には構造上の欠点が見られます。これらはもっと改善できたのではないかと思うのです」

彼はそう言って、次のような点を指摘した。

1　時間の経過と共に燃費がどんどん悪化する

2　必要に応じて再塗装が必要

3　慢性的な騒音

4　メンテナンス費用が莫大

それを聞いた神様は、

「なるほど。確かにそうかもしれない」

と言ってうなずいた。日本人は満足そうな表情を浮かべた。しかし、神様はこう続けた。

「だがな、それでも私の創造物は、君の造った物よりも世の男性たちに愛されていると思うがね？」

不思議な日本車の名前

日本車の中には、外国人からすると不思議な響きに聞こえる車名が少なくない。

三菱の「パジェロ」は、スペイン語圏の人々には「自慰をする人」を連想させる言葉。よって、ヨーロッパでは「ショーグン」という車名に変更されている。

トヨタの「Isis《イシス》」は、古代エジプトの女神から採られた車名だが、過激派組織「イスラム国（ISIS）」の勢力拡大と共に、その名称の類似性が問題に。これは無論、「不幸な偶然」でしかないが、何とも収まりの悪い結果となってしまった。

ちなみに、イスラム国がネット上で流している動画を見ると、彼らがトヨタのランドクルーザーを愛用していることが一目瞭然。このことはアメリカでも話題となり、人気バラエティ番組において、

「なぜ、イスラム国の兵士はみんな、トヨタに乗っているんだ？」

とネタにされたりした。

この話はその後、アメリカ財務省がトヨタに情報提供を求めるという笑ってもいられない事態にまで発展。結局、トヨタの広報は、「トヨタは厳格な規定に基づき、武装勢力やテロリストの活動に利用される可能性がある場合は車を販売していない。手順や契約にも軍事目的の転用防止措置を盛り込んでいる」と真面目な説明に追われる羽目となったのであった。

●日韓の衝突

近年、日本と韓国は随分と仲が悪いらしい。両国が戦争となった場合、次のような戦い方になるであろう。

日本の攻撃……韓国軍の駐屯地に忍び込み、戦車にタカタ製のエアバッグを付けてくる。

韓国の攻撃……サムスン製のスマホを投げ付ける。

エアバッグ問題

先のジョークでは、タカタ製のエアバッグが異常な破裂によって死亡事故を引き起こした事件と、サムスン製のスマートフォン「ギャラクシーノート7」がバッテリーの不具合により爆発する事件が相次いだことがネタになっている。

タカタのエアバッグ問題は、アメリカをはじめ世界中で大きなニュースとなった。米紙『ニューヨーク・タイムズ』の一面には、

「殺人犯はタカタだった」

とのセンセーショナルな見出しが並んだ。

その後、同社は経営破綻。リコール費用を含めた最終的な負債総額は一兆円を超える見込みだという。今後は中国企業傘下のアメリカ自動車部品会社「キー・セイフティー・システムズ」から支援を受け、経営再建を目指す。

一方のサムスンは、韓国を代表する巨大財閥企業だが、「ギャラクシーノート7」の爆発事件は、ブランド力の深刻な失墜に繋がった。結局、「ギャラクシーノート7」を巡る問題は、世界各国の航空会社が「機内への持ち込み禁止」を決定するという事態にまで立ち至った。

以降、サムスンは安全性の抜本的な強化に努めている。同社の高東真《コ・ドンジン》無線事業部長は、次世代モデル「ギャラクシーS8」の投入について聞かれた際、

「次モデルを『この世の中で最も安全なスマートフォン』として発表する覚悟だ」

と発言した。しかし、これについて韓国のネット上からは以下のようなツッコミが入った。

「安全なスマホって……スマホは危険物なの？」

「得意げに言うことじゃない。爆発しないのが普通のはず」

●作動

とある夫婦の会話。会社から帰宅した夫に妻が言った。

「今日はあなたに良いニュースと悪いニュースがあるわ。どっちから聞く？」

「じゃあ、悪いニュースから聞こうか」

「今日、クルマで事故を起こしちゃった

のよ」

「何だって？　それで良いニュースというのは？」

「うちのエアバッグ、正常に動いたわよ」

●直行

各国の人々が新車を購入した後、最初に向かう場所とは？
アメリカ人……ルート66を通って西海岸
フランス人……エッフェル塔を見てからモン・サン・ミッシェル
ドイツ人……高速運転を楽しむためアウトバーン
日本人……富士山を一周してから京都
中国人……修理工場

●クルマに求めること

クルマを購入する際、各国の人々が気にする点とは？

イタリア人……スタイルのカッコ良さ

イギリス人……乗り心地
アメリカ人……馬力
ドイツ人……環境基準
日本人……燃費
インド人……牛とぶつかった時の耐久性

F1でのホンダの苦戦

二〇一七年、アメリカの国民的なスポーツイベントであるインディ500において、日本人ドライバーの佐藤琢磨選手が見事に優勝。同レースでアジア人が優勝したのは初めてという快挙であった。佐藤選手の優勝は、国際的なスポーツニュースでもトップの扱いで報じられた。

一方、F1の世界では「マクラーレン・ホンダ」の苦戦が続いている。

F1界において、かつてホンダは盤石の黄金時代を築いた。一九八八年にはホンダエンジンを搭載した「マクラーレンMP4/4・ホンダ」が、実に一六戦で一五勝。「マクラーレン・ホンダ」の名前は伝説となった。

二〇一七年八月にイギリス誌『AUTOSPORT』が実施した「歴史上、最も人気のあるマシン」というファン投票において、見事に一位を獲得したのもこの「マクラーレンMP4/4・ホンダ」であった。

しかし、近年ではそんな絶頂期とはまるで別チームのような寂しい成績が続いている。二〇一五年に復活したマクラーレンとホンダの提携は、二〇一七年シーズンを最後に解消することで合意。二〇一八年からはイタリアの「トロロッソ」がホンダのパワーユニットを使用することになった。

そんなホンダだが、創業者である本田宗一郎は生前、こんな言葉を述べている。

「失敗したからといって、くよくよしている暇はない」

創業者が喜ぶような復活を期待したい。

【スーパーコンピューター】

●最新式のパソコン

観光で東京を訪れたイタリア人が、最新式のパソコンを買おうとした。日本人の店員が声をかけた。

「このパソコンを使えば、あなたの仕事は半分になりますよ」

それを聞いたイタリア人が言った。

「このパソコン、二つください！」

●二つの質問

日本が最新型のスーパーコンピューターを開発し、東京の中心街に設置した。それは「どんな質問にも答えられる」というスーパーコンピューターだった。ただし、料金は「二つの質問で一〇〇〇ドル」とかなり高額だった。

それでも一人のアメリカ人が、金を払って使ってみることにした。紙幣を投入口に入れたそのアメリカ人は、つぶやくようにして言った。

「それにしても、一〇〇〇ドルとは随分と高いね」

コンピューターが言った。

「そうですね、高いですね。それではもう一つの質問をどうぞ」

「京」の実力

日本はいわゆる「スーパーコンピューター（スパコン）」の分野で長く世界一の地位を競い続けてきた。そんなスパコンの存在を多くの日本人が知ったのは、皮肉にも二〇〇九年に民主党政権下で行われた「事業仕分け」の際、蓮舫議員が発した、

「世界一になる理由は何があるんでしょうか？　二位じゃダメなんでしょうか」

という発言によってであったろう。この事業仕分けにより、次世代機開発のための予算の削減が決定。翌二〇一〇年十一月の「ＴＯＰ５００ランキング」で首位に立ったのは、中国製のスパコンであった。しかし、二〇一一年には日本のスパコン「京《けい》」が「世界最速」の座を奪取。このスパコンは、富士通が理化学研究所と共同で開発したものであった。

だが、「京」はその後に順位を落とし、代わって首位を独占するようになったのが中国勢である。現在、中国は実に九連覇中。このようなランキングは他にも存在し、指標の違いによって順位は異なるため一概には言えないが、中国勢が飛躍的に力を付けていることは間違いない。

無論、日本勢も高いレベルでの研究を続けている。ところが、そんな矢先、スーパーコン

ピューター開発会社「ペジーコンピューティング」を巡る国の助成金不正受給事件が発覚。水を差す事態となった。

今後の日本勢の順位が気になるところである。

●母親の秘密

日本が最新型のウソ発見器を開発した。ウソを認識すると「ビー、ビー」と音が鳴るという装置である。

とあるアメリカ人の一家が、このウソ発見器を購入した。男の子が言った。

「宿題はもう終わったよ」

「ビー、ビー」

それを聞いた父親が笑って言った。

「まったくしょうがない奴だな。お父さんは子供の頃、宿題なんてすぐに終わらせたものだが」

「ビー、ビー」

それを聞いた母親が笑って言った。

「やっぱり二人とも親子ねえ」

「ビー、ビー」

【AIロボット】

●ロボット医師

日本が「AI内蔵のロボット医師」を開発した。東京の病院に設置されたそのロボット医師に患者が言った。

「耳が悪いんです。自分の咳さえ聞こえないほどなんですよ。何とかしてください」

ロボット医師は一粒の薬を処方した。患者がその薬を飲むと、耳はすぐに良くなった。

そんなロボットの存在を知った中国が、日本をすぐに真似た。中国も速やかに自国製のロボット医師を完成させたのである。北京の病院に設置されたそのロボット医師に患者が言った。

「耳が悪いんです。自分の咳さえ聞こえないほどなんですよ。何とかしてください」

ロボット医師は一粒の薬を処方した。患者はその薬を飲んだ。

翌日、彼は昨日よりも大きな咳をするようになった。

●ロボット犬

とあるアメリカ人の家の隣に日本人が引っ越してきた。日曜日、その日本人の家でホームパーティが開かれ、隣人のアメリカ人も招待された。

アメリカ人が食事をしながら楽しく会話をしていると、不意に犬型のロボットが現れ、

「新聞はどこですか?」

と言葉を発した。日本人がテーブルの上にあった新聞を指差すと、ロボット犬はそれをくわえて出ていった。アメリカ人が驚いて聞いた。

「何てことだ! 日本のロボット犬は会話ができるどころか、新聞まで読むのか!」

すると日本人は苦笑して言った。

「さすがにそんなことはできませんよ」

日本人は続けた。

「天気予報を見るだけです」

ＡＩの発達

ＡＩ分野の研究は、今まさに日進月歩である。

日本では二〇一六年四月、ＡＩ研究の拠点となる「革新知能統合研究センター」（理化学研究所）が政府の肝入りによって誕生。一〇〇人以上の研究者が、次世代ＡＩの開発に日夜、取り組んでいる。

また、ＡＩと言えば、将棋や囲碁の分野でも注目を集めており、プロの一流棋士がＡＩを搭載したコンピューターソフトに敗れる場面はニュースにもなった。

そして、ついに日本のＡＩは「お笑い」の世界にも進出。「ＡＩを使って大喜利に答える」という世界初の試みが進められている。ちなみに、大喜利人工知能「大喜利β」の実力は以下の通り。


お題……自分探しの旅の末、見つけたものは？

大喜利β……ナチュラル・ローソン

お題……卑弥呼が絶対言わないこと

大喜利β……業界ナンバーワン

お題……ウォシュレット、ビデの隣に設置された新しいボタンとは？

大喜利β……寄付

「M1グランプリ」や「IPPONグランプリ」にAIが出場する日はやってくるのだろうか？　将棋では人類の苦戦が続いているが、「お笑い」では果たして。

●映画鑑賞

アメリカ人の男性が映画館に行った。彼の座席の前には一人の日本人が座っていたが、その隣には「made in Japan」と刻まれた精巧な人型のロボットが置かれていた。

映画が始まると、そのロボットはうなずいたり、笑ったり、感嘆の声を漏らしたりした。そして、クライマックスのシーンでは大粒の涙まで流したのである。

映画が終わった後、アメリカ人はたまらず日本人に声をかけた。

「あなたのロボットには非常に驚きました」

日本人が苦笑いしながら言った。

「ええ。私も驚いているんですよ」

「やっぱり」

「はい」

日本人はこう続けた。

「こいつ、原作を読んだ時には、『イマイチだね』なんて言っていたものですから」

●恋の行方

その日系企業は、女性型のＡＩロボットを受付嬢として置いていた。そのロボットの外見は普通の女性とほぼ変わらず、会話も充分にできる能力を持っていた。

ある日、その会社の一人の男性社員が同僚に言った。

「実は俺、深刻な悩みがあるんだ」

「どうしたんだい？」

「俺、あの受付のロボットに恋をしてしまったんだ」

「何だって？　本気かい？　しかし、それは困ったもんだな。どんなに惚れたって結婚なんてできないしな」

「そんなことは、君に言われなくたってわかっているよ」

男はため息をつきながら続けた。

「我が社は社内結婚は禁止だもんな」

●ロボット自慢

アメリカ人と日本人が、どちらの自国製ロボットが優れているかで議論していた。アメリカ人が言った。

「うちにあるアメリカ製のロボットは、食事を指定したテーブルまで運んでくれるよ。素敵な音楽も流せるし、スポーツの結果なんかもすぐに教えてくれる。それに、部屋を快適な温度に自動で設定することもできるんだ。どうだい？　凄いだろう？」

するとと日本人が答えた。

「ええ、それは知っていますよ」

アメリカ人が驚いて聞いた。

「どうして知っているんだ？　初めて話したのに？」

日本人が言った。

「うちのロボットがそう言っていましたから」

【ハイテク】

●天国と地獄

問い１・天国とはどんな世界か？
答え１・コックが中国人
　　政治家がイギリス人
　　エンジニアが日本人

銀行家がドイツ人
恋人がイタリア人

問い2・それでは地獄とはどんな世界か？

答え2・コックがイギリス人
政治家が日本人
エンジニアが中国人
銀行家がイタリア人
恋人がドイツ人

●エステ

アメリカ人夫婦の会話。

妻「今日は日本のエステに行ってくるわ」

夫「へえ、それはどういうエステなんだい？」

妻「最新式の器具を使って、肌をキレイにしてくれるんだって。凄く若返るらしいのよ」

夫「わかった。それじゃ行っておいで」
　数時間後。
妻「ただいま」
夫「おかえり！　あれ、今日は閉店だったのか？」

●シャッタースピード

日本製のカメラは本当に先進的だ。シャッタースピードが非常に速いため、一瞬の光景でも逃さずに撮ることができる。このカメラなら、どんな瞬間でも切り取ることができるだろう。

撮れないのは、私の妻が口を閉じているところくらいである。

日本が誇る最先端技術

「技術大国」として発展してきた日本だが、近年ではスマートフォンの分野で韓国企業にシェアを奪われたり、電機メーカー「シャープ」が外資系企業の傘下に入るなど、時代の移り変わりを感じさせる事柄も少なくない。

しかし、今も日本には「世界一の技術」が多くある。

東京スカイツリーや新幹線に使われているネジは、「絶対に緩まない機構を持つ」とされる「ハードロックナット」。世界的にも広く注目を集めるこのネジを造ることができるのは、東大阪市のハードロック工業という町工場だけである。

水族館の水槽パネルにおいて「世界の七割」という圧倒的なシェアを誇るのは、香川県三木町にある日プラという会社。沖縄美《ちゅ》ら海水族館のアクリル製パネルは、高さ八・二メートル、幅二二・五メートルもの広さを誇り、ギネスブックにも「世界一の大型水槽」として認定された。その後、ドバイや中国の水族館がこの記録を塗り替えていったが、それらの水槽を手掛けたのも実は日プラであった。

「海水を淡水に変える」技術では、日東電工、東レ、東洋紡の三社が、淡水化装置に必要な「RO膜」の開発で世界の上位を占める。世界的な水不足が深刻化する中で、高い期待が寄せられている技術である。

「宇宙エレベーター」の構想を発表しているのは大林組。エレベーターで地球と宇宙ステーションを結ぶというまるでＳＦのような話だが、日本で発見された「カーボンナノチューブ」の技術を駆使し、二〇五〇年の完成を目指して研究が進められている。

●島からの脱出

アメリカ人、日本人、インド人の乗っていた船が難破し、三人はどこかの島に漂着した。絶望する三人の前に神様が現れた。

「それぞれ一つだけ願いを叶えてやろう」

まず最初に、アメリカ人がこう言った。

「それでは、私に今以上の勇気と力を与えてください」

神様はその願いを叶えてやった。するとアメリカ人は海へと飛び込み、泳いで島から出ていった。しかし、泳いでいる途中で力尽き、彼は溺死してしまった。

次に日本人がこう言った。

「それでは、私に今以上の器用な指を与えてください」

神様はその願いを叶えてやった。すると日本人は巧みな技術力でボートを造り、それに乗って島から出ていった。しかし、航海の途中で船は大波に呑まれ、彼は溺死してしまった。

残ったインド人はこう言った。

「それでは、私に冷静な心を与えてください」

神様はその願いを叶えてやった。すると、インド人はゆっくりと周囲を見渡し、そしてこう言った。

「おや、あんな所に橋がある」

●営業

スカイダイビング教室を運営している会社の事務所に、一人の男がやってきて言った。

「御社ではどのようなパラシュートを使っているのでしょうか?」

社員の一人が応対した。

「我が社では、極めて質の高い日本製のパラシュートを使用しております。ですから、これまでに一度も事故はありません」

それを聞いた男は、

「なるほど」

とつぶやいてからこう言った。

「私から一つ提案なのですが、今後はこの中国製のパラシュートを使うようにしてはいただけないでしょうか？」

男は持っていたバッグからパラシュートを取り出した。男は続けた。

「値段もずっと安くなりますよ。検討してみてくれませんか？」

「価格が安いのは魅力ですがね。しかし、安全性の問題など、いろいろとクリアすべき課題があります。一応、上司に相談してみますよ」

「ありがとうございます！」

男は礼を言うと、事務所から出ていこうとした。社員が声をかけた。

「しかし、熱心な営業さんですね。中国系の商社ですか？」

すると男はこう答えた。

「いえ。私はこの近くで葬儀屋をやっている者でして」

●ラジオ

アメリカ人の青年が、電気屋で店員に文句を言った。

「昨日、ここで買ったラジオ、お前が日本製だって言うから買ったのに、よくも騙したな！」

「いえ、あれは確かに日本製ですが」

青年が言った。

「冗談じゃないぜ。だって、昨夜、このラジオを聴いていたら『こちらはラジオ・アメリカです』って言ってたぞ！」

第三章

観光&食文化

今や堂々の観光立国?

【インバウンド】

●地球は広いか？

アメリカから日本に観光に来た二人の会話。

「サンフランシスコからナリタまで一〇時間もかからないんだな。『地球は小さくなったな』と感じたよ」

「確かに俺もさっきまではそう思っていたんだけどね。しかし、このナリタから東京駅までの移動を考えると、『まだまだ地球は広いな』と考え直したよ」

激増する訪日客

近年、日本を訪れる外国人観光客は急増中。安倍政権が進める成長戦略の中でも、「観光立国」への取り組みは、その柱の一つとなっている。

日本が「観光立国宣言」をしたのは二〇〇三年。以降、日本経済を成長させる原動力として、インバウンド観光は注目を集める存在となった。
「日本再興戦略　改定２０１４」では、「二〇二〇年に向けて訪日外国人旅行者数二〇〇〇万人の高みを目指す」という数字が掲げられ、訪日プロモーション事業やビザの要件緩和といった施策が打ち出された。その結果、訪日外国人旅行者数は二〇一六年に二四〇〇万人を突破した。

目に見える変化として、街で外国人観光客と出会う機会が明らかに増えているという実感を持つ人も多いであろう。浅草などはすっかり国際的な雰囲気の漂う街へと変貌した。浅草寺はもちろん、浅草花やしきは一八五三年（嘉永六年）開業の「日本最古の遊園地」として、外国人から「クール」「信じられない」と注目を集めている。

日本には歴史的な見所や豊かな自然、温泉、グルメなど、観光に適した魅力が満載である。二〇二〇年には東京五輪・パラリンピックも控えている。観光立国への道は、さらなる成長の可能性のある分野と言えるであろう。

●温泉

日本に旅行に来たアメリカ人の団体に対し、日本人ガイドが言った。

「今夜は日本の伝統的な温泉旅館に泊まります。温泉には全裸で入りますが、男女共に小さなタオル一枚のみ使うことができます」

それを聞いた一人の女性が聞いた。

「でも、それでは女性の場合、胸を隠せば下半身が見えてしまうし、下半身を隠せば胸が見えてしまうじゃない？　それでは困るわ。やっぱり恥ずかしいもの」

それを聞いたガイドはニッコリ笑ってこう答えた。

「では、顔を隠せばいいじゃありませんか？」

●入浴時間

日本の温泉旅館に初めて泊まったアメリカ人夫婦が、部屋の机の上に「入浴の案内」と書かれた紙が置いてあるのを見つけた。そこには、

「入浴時間　午後三時から午後十一時まで」

と書かれていた。夫が妻に言った。

「これはまいったな」

妻が聞いた。

「どうして？」

夫が答えた。

「こんなに風呂が長くては、散歩にも行けないじゃないか」

●民泊

東京を訪れたアメリカ人の旅行者が、「民泊」しようとした。アメリカ人は宿主に対し、偉そうな態度でこう言った。

「随分と狭い家だな。こんなウサギ小屋でいくら取ろうっていうんだい？」

宿主は答えた。
「そう。うちはウサギ小屋だからね。おまえみたいな豚は泊まれないよ」

ウサギ小屋

最近ではあまり言われなくなったが、かつては日本人の住居というと、「ウサギ小屋」に喩えられることが多かった。

これは一九七九年に当時のEC（ヨーロッパ共同体）が出した「対日経済戦略報告書」において、日本人の住居を「rabbit hutch（ウサギ小屋）」と表現したのがその始まりだとされる。ただし、この「rabbit hutch」という言葉は、「狭くて画一的なフランスの都市型集合住宅」の俗称でもあり、必ずしも日本の住居だけを表したものではないという見方もある。

実際には、日本の一軒あたりの平均床面積は「九四・八五㎡」で世界五位の広さだという統計もある（『日本は世界で第何位？』）。確かに東京や大阪といった都市部はともかく、地方の古い日本家屋などには堂々たる造りの建物も少なくない。

他方、訪日外国人の間でしばしば話題となるのが、ホテルの部屋の狭さ。高級ホテルならば問題ないが、リーズナブルなホテルの中には、ベッド以外のスペースがほとんどないような洋室も珍しくない。

さらには、壁が薄いことも格好のネタに。

「朝、隣の部屋の人のクシャミで起きたよ」

などとツイッターにつぶやかれてしまうような現状は、「観光立国」を名乗り出した国としては少々情けない。

●狭い部屋

「日本に旅行に行ってきたんだって？　どうだった？」

「うん。ホテルの部屋がとても狭かったよ」

「へえ。どれくらい？」

「そうだな。歯磨きが横にできないくらいだね」

●東京タワー

日本に観光に来たアラブの石油王が、東京の街並を眺めながら言った。

「日本は資源小国だと聞いていたが、そうでもないんじゃないか？」

側近が聞いた。

「どうしてですか？」

石油王は東京タワーを指差して言った。

「ほら。ちゃんと石油を掘っている」

●エレベーター

アジアの山奥で暮らしている父と子が、日本へ旅行に行った。東京に着いた彼らは、生まれて初めてエレベーターを見た。息子が父親に聞いた。

「なんだろうね？　あの小さな部屋」

「わからん。しばらく見てみよう」

やがて一人の中年女性がその「小さな部屋」の中へと入り、ドアが閉まった。息子が首をかしげる。

「あの人、なかなか出てこないね」

二人がなおも見つめていると、ドアが再び開いた。しかし、そこから出てきたのは、先ほどの中年女性ではなく、若い美人の女性だった。父親が驚いて叫んだ。

「次は母さんを連れてこなくては！」

●名前

アメリカ人の青年が日本各地を旅行していた。彼がとある町を歩いていると、結婚式をしている光景が目に入った。日本の伝統的な和装に身を包んだ花嫁の姿に彼は感動した。彼は近くにいた日本人に尋ねた。

「あの花嫁の名前は何と言うのでしょう？」

「さあね」

数日後、彼がまた散歩をしていると、今度は葬式をしている光景が目に入った。彼は近くにいた日本人に尋ねた。

「何と言う方が亡くなったのでしょう？」

「さあね」

それを聞いた男は驚いて言った。

「なんて短命の花嫁だったのだろう！」

不思議な日本語

外国人にとって「日本語」という言語は、どうにも不可思議な響きに聞こえるらしい。

外国人が必ず困惑するのが、日本語独特のオノマトペ（擬声語、擬態語）。とりわけ「ドキドキ」「キラキラ」「ふわふわ」といった二度繰り返す言葉は、外国人の耳にはかなり不思議な表現に響くようだ。

「風がそよそよ」「ズボンがダボダボ」といった表現が持つ語感を適確に理解するためには、かなりの習熟度が必要とされる。日本語には四五〇〇以上ものオノマトペがあると言われるが、このような言語は世界でも他に類を見ないという。

助詞の「の」の使い方も難しいとされる。来日して一〇年以上が経つタイ人の知人に、こんなことを聞かれたことがある。

「なぜ『希望の党』は『希望党』ではないのですか？　『民進党』は『民進の党』でもいい

のではないですか？」

私は、

「『希望党』や『民進の党』では日本語の語感としておかしい」

と説明したが、彼は、

「よくわからない」

と繰り返すばかりであった。同情するよりほかない。

また、多くの外国人が興味深く感じる日本語の一つが「お疲れ様」という表現。日本人は仕事やクラブ活動が終わった時などに気軽に口にするが、この挨拶に類する表現は他の言語にはあまりないとされる。英語圏の国々における退社時の挨拶は、

「Bye」

で充分である。

「お疲れ様」という言葉には、相手をねぎらい、思いやる心境が滲み出ている。このような温かみのある表現は、きめ細かな心遣いのできる日本人らしい言い回しだと言えよう。

その他、英語圏の人たちが知って驚く日本語の一つが「狸《たぬき》寝入り」。なぜなら、英語では「寝たふり」のことを「Fox sleep（狐《きつね》の眠り）」と表現するためである。海を挟んでなぜ日本

と海外で狸と狐になったのか。まさに化かされたような話である。

●泥棒とロボット

とある企業が、泥棒を捕まえるロボットを開発した。

そのロボットを使い、東京では一時間で一〇人もの泥棒を捕まえることができた。

そのロボットを使い、ニューヨークでは一時間で五〇人もの泥棒を捕まえることができた。

そのロボットをメキシコシティに持っていった。すると一時間でそのロボットは盗まれてしまった。

治安の良さ

日本人自身には自覚が薄いようだが、「日本の治安の良さ」は世界的にも非常に有名。

「日本人は飲食店で荷物を置いたまま席を立つ」

「財布を落としたが、中身を抜かれずに戻ってきた」

といった話は、訪日外国人が「日本のビックリ話」として好む定番ネタである。実際、イギリスの雑誌『エコノミスト』の調査部門であるエコノミスト・インテリジェンス・ユニット（ＥＩＵ）が発表した調査結果によると、「世界で一番安全な都市」の総合ランキング第一位は東京。第三位が大阪であった。

そんな日本の治安の良さは、実は今に始まったことではない。明治時代に訪日したロシア国籍のタタール人、アブデュルレシト・イブラヒムは、日本の印象についてこう書き残している。

〈日本の治安は完璧である。町であろうと村であろうと、盗難などの発生はめったにない。私はよく野山を一人で歩きまわった。途中で疲れきって眠りこむこともよくあった。ときには手元にいくばくかの荷物もあった。しかし、一度たりとも盗まれはしなかった。滞在していた宿の主人を観察していても、門に閂をかけるような習慣はまったくないようだった。たとえそうしたとしても、あんな壁では一蹴りされればたちまち倒されてしまっただろう〉

『ジャポンヤ』

確かに「木と紙」でできている日本古来の家屋は、「性善説」を体現したような造りだと言える。また、アメリカの動物学者であるＥ・Ｓ・モースは、次のように述べている。

〈人々が正直である国にいることは実に気持がよい。私は決して札入れや懐中時計の見張りをしようとしない。錠をかけぬ部屋の机の上に、私は小銭を置いたままにするのだが、日本人の子供や召使いは一日に数十回出入りしても、触ってはならぬ物には決して手を触れぬ〉『日本その日その日』

今を生きる我々にも先人と同じ血が脈打っているはずだが、将来を思うとやや心もとない気分も。今後も繋いでいきたい日本人のすばらしき心性の一つである。

【和食】

●メニュー

レストランで客が店員にこう注文した。

「生焼けのステーキと、パサパサのサラダと、生臭いスシと、カビの生えたパンをくれ」

「すいませんが、当店にはそのようなメニューはありませんが？」

「おかしいな？　前に来た時にはあったじゃないか？」

●ステーキ

ニューヨークのとあるレストラン。客がウェイターを呼んで言った。

「おい、ウェイター。さっき『アメリカ産ビーフステーキ』を頼んだんだが、やっぱり『神戸ビーフのステーキ』に変えてくれないか？」

ウェイターは厨房に戻り、シェフにその要望を伝えた。すでに肉を焼き始めていたシェフが言った。

「わかった。ではこの牛を日本に帰化させよう」

無形文化遺産となった和食

二〇一三年、「和食、日本人の伝統的な食文化」がユネスコの無形文化遺産に登録。世界的な「和食ブーム」の勢いは、さらに加速度を増している。

和食以外で無形文化遺産に認定されている世界の料理は、フランス料理、メキシコ料理、トルコ料理、地中海料理の四つ。すなわち、和食は「世界五大料理」に選ばれたと言っても良いであろう。

定番の「スキヤキ」や「テンプラ」の他、最近では「ラーメン」「ヤキニク」「ヤキトリ」

なども人気。しかし、やはり主役は「スシ」であろう。ヘルシー志向とも相まって、寿司は世界中で親しまれるメニューとなった。

海外で活躍する日本人のサッカー選手がゴールを奪うと、「スシ・ボンバー」なるフレーズが連呼される。かつてドイツで活躍した高原直泰選手は、しばしばこのフレーズを冠されたが、最近ではベルギーでプレーする久保裕也選手がその伝統を継承。久保選手はその他、「ワサビ・ウォーリアー」「サシミ・ストライカー」などとも称されたりするが、どれも「スベッている」ように感じるのは当事者たる日本人ならではの感覚なのであろうか。当の久保選手も「スシ・ボンバー」という愛称について、

「そんなに好きじゃない」

と語っている。

また、世界の人々が驚くのが、「ほとんどの日本人はスシを握ることができない」という事実。海外では「日本人は各家庭で気軽にスシを握って食べている」と思っている人も少なくない。日本人からすると「寿司」と「おにぎり」はまったく別の食べ物という認識だが、この辺りの感覚は外国人には少々わかりにくいようだ。

ちなみに、寿司やおにぎりに欠かせない「海苔」だが、「海苔を体内で消化できるのは世

界で日本人だけ」という驚きの研究が発表されている。フランスの微生物学研究チームが発表したその研究成果によると、生の海苔を分解できる酵素を持ったバクテリアを腸内に有するのは、世界の民族の中で日本人だけなのだという。

その一方で、日本人の身体は乳製品を消化することが苦手なのだとか。長年の食生活の積み重ねが、そのような体質の違いを生み出していくのであろうか。

●鮮度

スシバーの店主に向かって客が言った。

「このマグロ、先週食べたものよりも随分と味が落ちるな」

店主が怒って言った。

「そんなわけありませんよ」

店主が続けた。

「先週と同じマグロなんですから」

●酒のつまみ

とある日本人一家の家に、不意の来客があった。妻が玄関まで出てみると、その客は夫の上司に当たる人物だった。しかし、夫はあいにく留守だった。上司が言った。

「奥さん、すいませんが旦那さんに少し話がありまして。ちょっと待たせてもらってもよろしいでしょうか」

「もちろんです。ゆっくりなさっていってください」

彼女はすぐに「サケ」を用意して出した。しかし、つまみになるようなものがないことに気が付いた。

「困ったわ」

すると、そんな母親の姿を見ていた五歳の息子が、

「僕に任せて」

と言って、台所から出ていった。

しばらくして、上司のもとに男の子がやってきた。男の子はサシミの乗った皿を手にしていた。

「これ、どうぞ」

「おや、すまないね。美味しそうなサシミだね。どうもありがとう」

上司は満足そうな表情を浮かべ、サシミをつまみにサケを飲み始めた。

その光景を見た母親が言った。

「あら、本当に助かったわ。よく気が付いたわね。でも、あのサシミ、どこにあったの？」

男の子が答えた。

「ネコの皿の中にあったよ」

●プール

各国の首脳が会談を終え、リゾート地で共に休暇をとっていた。そこに妖精が現れて言った。

「皆さん、いつも世界の平和のためにお仕事されていて大変でしょう。今日はそのお礼をさしあげます。あなたの好きな物を叫びながら、このプールに飛び込んでみてくださ い。プールの水をその好きな物に変えてあげます」

するとロシアのプーチン大統領が、

「ウォッカ！」

と叫びながらプールへと飛び込んだ。プールの水はウォッカに変わり、プーチンはその中を自在に泳いだ。

続いて日本の安倍首相が、

「サケ！」

と叫びながらプールへと飛び込んだ。プールの水はサケに変わり、安倍はその中を自在に泳いだ。

最後にアメリカのトランプ大統領が飛び込もうとした。しかし、彼は途中で石につまずいてしまった。彼は思わず、

「クソ！」

と叫びながらプールへと飛び込んでいった。

日本酒ブーム

今や「サケ」は国際語。美味しい和食を本物の日本酒と共に楽しみたいという感情は、日本独特の伝統的な味覚に興味を抱く外国人にとって自然な思いであろう。

日本酒の輸出量は、二〇〇六年には一万キロリットルほどだったが、二〇一六年には約二万キロリットルにまで拡大。一〇年でほぼ倍増したことになる。

美食大国のフランスでは、

「サケはフランス料理に合う」

との理由で愛好家が増加中。高級な日本酒が飛ぶように売れている。

岩手県の名酒「南部美人」は、「サザンビューティー」の名称で世界二八ヵ国に流通。欧米の他、アラブ首長国連邦といった中東地域でも親しまれ、エミレーツ航空などの国際線では機内酒として提供されている。

その他、アメリカでは、ビールに日本酒の入ったグラスを落として飲む「サケ・ボム」が人気。日本酒の可能性は、世界各地でユニークな広がりを見せている。

●ビール

ビール好きの中国人と韓国人と日本人が、一緒にバーへ行った。まず、中国人が言った。

「チンタオビールを一つ」

続いて韓国人が言った。

「マックス（註・韓国のビール）を一つ」

最後に日本人がこう言った。

「じゃあ、私は水を一つ」

二人が怪訝そうに聞いた。

「どうして君はビールを頼まないんだい？」

日本人が答えた。

「君たちがビールを頼まないものだから」

人気のジャパニーズ・ビール

「チンタオやマックスなどビールではない」というオチはなかなかの辛口。

日本のビールは世界各地で高い評価を得ている。その品質はもちろん、味や種類が多彩なこともファンを集める要因となっている。

ジャパニーズ・ビールの愛好家が多い状況は、お隣の韓国も同様。韓国ではコンビニにも日本のビールがズラリと並ぶ。その一方、韓国製のビールは、

「味が薄い」

と酷評の対象に。イギリスの雑誌『エコノミスト』が、

「韓国ビールの味はまずすぎる。北朝鮮の大同江ビールよりまずい」

と書いたため、韓国国内で騒動になったこともあった。

そんな隣国のいざこざはさておき、訪日する外国人観光客の中には、日本各地のクラフトビールを楽しみに来日する人たちも増えているのだとか。

「日本ほど地域ごとにビールがある国は珍しい」

とはビールの本場、ドイツ人の声である。

また、ビールと共に人気があるのが日本のウイスキー。二〇一五年にはサントリーの「山崎シェリーカスク２０１３」が、イギリスの著名なガイドブック『ワールド・ウイスキー・バイブル』において、「世界最高のウイスキー」に選出された。選評は「ほとんど言葉にできないほど天才的」。

ちなみに、日本ではウイスキーを「水割り」で飲むのが一般的だが、海外ではこうした飲み方はあまり見られない。日本人は焼酎も水で割ったりするが、こうした「水割り文化」は世界的には意外と珍しいものである。

第四章

民族的性格篇

日本人は「不思議ちゃん」？

【日本的性格】

●アメリカ暮らし

アメリカ在住の日本人が、「アメリカ暮らしが長くなり過ぎたな」と感じる瞬間とは？

1　家に帰った時、靴を脱ごうとしない
2　他人の前で平気で鼻がかめる
3　電車が一〇分遅れで来ると「ラッキー」と思う
4　寿司屋で自然にカリフォルニアロールを頼んでいる
5　「ジャイアンツ」と聞くと「東京」ではなく「サンフランシスコ」を連想する

●調査の失敗

ある新聞社が世界的なアンケート調査を実施した。その質問は、

「世界の国々の食糧不足を解決するためのご意見をお聞かせください」

というものだった。

しかし、この調査は大失敗に終わった。なぜなら、

アフリカ人には「食糧」の意味がわからなかった。

アメリカ人には「不足」の意味がわからなかった。

ロシア人には「解決」の意味がわからなかった。

日本人には「意見」の意味がわからなかった。

中国人には「世界の国々」の意味がわからなかった。

曖昧な人々

日本人の性格と言うと、「意見をハッキリ言わない」「態度が曖昧」といった評価が昔から浸透。最近ではしっかり自己主張できる若者も増えているように感じるが、海外の人々からすると、まだまだ「日本人は曖昧」と受け止められることが多いようだ。

「和を以て貴しとなす」。聖徳太子が作ったとされる十七条憲法の第一条の言葉である。「経営の神様」と呼ばれた松下幸之助は、この言葉の重要性を次のように述べた。

〈人間はお互いに仲よくすることが大切であって、争いや戦争などをしてはならない、和の精神を貴び平和を愛好しなくてはならないということだと思います〉

〈まだ人知もそれほど進んでいない千四百年前に、それを憲法の第一条にはっきりとうたって、国家経営の指針とした国がはたして他にあるでしょうか〉『日本と日本人について』

古来、集団の「調和」を大切にしてきた日本人。そこでは余計な摩擦を回避しようとする意志が強く働く。そのため、言葉の表現を曖昧にして責任の所在をぼやかしたり、過度な議論を避けることを「智恵」の一つとして身に付けてきた。

しかし、こうした日本人の民族的特徴は、海外のビジネスシーンなどではマイナスに作用することが少なくない。

「結構です」

という日本語は文脈によって「YES」にもなれば「NO」にもなるが、このような表現は世界的に見ても極めて珍しい。多くの外国人が首をかしげるのも当然であろう。日本に留学中の外国人学生が、日本人とのコミュニケーションで悩むのも、このような「曖昧さ」である。

「和」をもたらすための集団主義的な「曖昧さ」が、結果として「和」を乱すこともあるというのだから、国際社会とはままならないものである。

●大量死

問い・イタリアのナポリに、大量の日本人の遺体が。なぜ？

答え・「ナポリを見て死ね」と聞いたため。

●ステーキ

日本人と中国人が一緒にレストランへ行った。二人はステーキを注文した。運ばれてきたステーキを見ると、一枚がもう一枚よりも明らかに小さかった。それを見た中国人が日本人に聞いた。

「あなたはどちらを選びますか？」

日本人が答えた。

「あなたが好きな方を選んでください」

「そうですか。では」

中国人は大きな方を選び、美味しそうに食べ始めた。日本人は小さな方を食べた。

食事後、日本人は不満げに言った。

「しかし、もし私があなたの立場だったら、自ら進んで小さい方を選んだと思いますがね」

それを聞いた中国人は言った。

「それならいいじゃありませんか。あなたは望み通りのものを食べられたのだから」

●行列

東京駅の切符売り場に長い行列ができていた。日本人は静かに整然と並んでいたが、一人の中国人がそこに割り込み、切符を買おうとした。

「大阪まで一枚」

中国人はそう言って一〇〇〇円札を出した。窓口の売り子が言った。

「一〇〇〇円では大阪まで行けませんよ」

「じゃあ、どこまでなら行けるんだ？」

並んでいた日本人たちが口を揃えて言った。

「地獄にでも行きな」

行列に並ぶ日本人

日本の都市部で日常的に見られる「列車の乗降風景」も、訪日外国人からすると「驚きの光景」の一つ。人の多さはもちろんだが、整然と列をなして静かに並ぶ日本人の姿に、感動を覚える外国人も少なくない。

逆に日本人が海外に出た際には、人々が列を作らない様子に驚くことになる。私もアジアなどを旅していた際、到着した列車やバスに乗客が我先にと群がるシーンに思わず絶句した経験が何度もある。

「お先にどうぞ」

などと悠長に構えていては、一向に乗車できないような場面は珍しくない。

どうも日本人は「並ぶのが得意」な民族であるらしい。これは民族的な性格に加え、幼稚園や小学校の時代から団体行動としての「整列」をみっちりと教えられる教育の結果でもあろう。

こういった特質は日本人の長所なのかもしれないが、ラーメン店や宝くじ売り場などにおいても長い行列が延々と伸びている光景などは、

「日本人は並ぶのが好きなのか?」

との疑問を外国人に生じさせることになる。「赤信号みんなで渡れば恐くない」といった集団主義的な傾向の強い日本人にとって、行列ができている店は、「みんなが支持しているのだから、美味しいに違いない」と解される向きもある。ありふれた長蛇の列も、外国人から見れば「日本らしい光景」の一つである。

●共通点

問い・スターリン時代のソ連と、チャウシェスク時代のルーマニアと、現在の日本の共通点とは?

答え・街が行列だらけ。

●違い

問い・ユニコーンと、無礼な日本人の違いとは?

答え・わからない。どちらも見たことがないから。

●忍耐

一人の画家が日本人女性に絵のモデルを依頼した。画家が言った。

「私が描き始めたら、なるべく身体を動かさないように我慢してください。少し大変かもしれませんが、頑張ってくださいね。では、さっそく、始めましょうか。そこに置いてある丸太の窪みにでも腰掛けてください」

「はい。わかりました」

ところが、画家が筆を走らせてまだ数分しか経っていないのに、モデルの日本人女性は身体をくねくねと動かし始めた。

「動かないで！」

画家はそう叫んだ。すると彼女の動きは止まった。しかし、数分経つと、彼女はまた身体をくねらせてしまうのである。画家は思わずこうこぼした。

「日本人は忍耐力があると聞いていたんだがね。実際にはどうも違うようですな」

日本人女性が答えた。

「本当にすいません。ハチの巣の入った窪みに座るのは、初めての経験だったものので」

●二つのパラシュート

飛行機が故障して墜落しそうになった。乗客は三人いたが、パラシュートは二つしかなかった。乗客の一人である中国人が言った。

「私はもっと生きたい！」

彼はパラシュートを背負って、さっさと飛び降りてしまった。

残されたのは日本人と、アメリカ人の子供だった。日本人が子供に言った。

「未来ある君がこのパラシュートを使いなさい」

するとアメリカ人の子供が言った。

「大丈夫。ほら、ここにもパラシュートがあるよ」

「本当だ。でも、どうして？」

子供は笑ってこう言った。

「だって、さっき中国人のオジサンが僕のリュックを背負って飛び降りちゃったから」

●脳の値段

ニューヨークの一角に「脳を売る店」があった。店はいつも大勢の客で賑わっていた。一人の客が店員に聞いた。

「この脳は一万ドルか。随分と高いね」

すると店員が答えた。

「これはフランス人の脳です。芸術性が高くて優秀ですよ」

客はその隣の脳を指差して聞いた。

「この脳は二万ドルだって？　もっと高いじゃないか」

店員が答えた。

「これは日本人の脳です。勤勉で忍耐強くて優秀ですよ」

「なるほど」

客は感嘆しながら、他の脳を眺めた。すると、陳列された中に「一〇万ドル」という脳があるではないか。

「どうしてこの脳は一〇万ドルもするんだ？　どんな優秀な脳なんだい？」

店員は答えた。

「これはトランプ大統領の脳です。まだ一度も使っていないので、新品同然なんですよ」

日本人は優秀？

日本人を「優秀」という役柄で扱ってもらえるのはありがたい。

ただし、「謙虚」が民族的特徴の一つでもある日本人としては、あまり自画自賛するのも憚れる。そこでここでは、日本史の中で外国人が残した言葉を幾つか紹介したい。

イエズス会のメンバーとして日本にキリスト教を伝えたフランシスコ・ザビエルは、日本人についてこう評している。

「この国の人びとは今までに発見された国民の中で最高であり、日本人より優れている人びとは、異教徒のあいだでは見つけられないでしょう」

幕末の一八六六年（慶応二年）に来日したフランス海軍士官であるE・スエンソンは、横須賀の造船所を見学した際に抱いた感慨をこう記している。

〈ひょっとすると日本人の職人の方が西欧人より優秀かも知れなかった。日本のものよりはるかにすぐれている西欧の道具の使い方をすぐに覚え、機械類に関する知識も簡単に手に入れて、手順を教えてもその単なる真似事《まねごと》で満足せず、自力でどんどんその先の仕事をやってのける〉　『江戸幕末滞在記』

そんな日本人の「優秀さ」は現代に残っているのだろうか？　将来、「日本人の脳」の値段が暴落していたら哀しい。

【働き方】

●ボールペン

二〇××年、日本がついに火星への有人宇宙飛行に成功した。その時、日本人は、「重力の異なる火星では、ボールペンが使えない」

ということに気が付いた。

そこで日本人たちは、莫大な費用を注ぎ込み、「カロウシ」寸前まで頑張って、研究に研究を重ねた。そして、とうとう火星でも使用できる最新型のボールペンを開発したのである。

一方、中国人は鉛筆を使った。

●妻の落胆

日本人のスズキさんの自宅に、会社から電話がかかってきた。電話には妻が出た。

「何か御用でしょうか？」

「とてもお伝えしにくいことなのですが、あなたの旦那様が先ほど、事務所の隅でカロウシしているのが見つかりまして」

「ええ！　何てことでしょう！」

「我々も驚いております」

「そんな……」

気落ちした妻は、つぶやくようにして言った。

「もう夕飯の支度は終わっているのに」

日本人の働き方

「カロウシ（過労死）」は英語圏でもフランス語圏でも、すでに一般的に使われる言葉。文脈としては「日本固有の異常な現象」として語られることが多い。「日本人の長時間労働」は、世界中から奇異の目で見られている。

アメリカやヨーロッパなどでは、「Karoshi San（過労死さん）」なるフィギュアが販売されている。帽子を被ったネクタイ姿のガイコツが、鞄を持って立っている人形である。

ただし、過酷な労働条件下での過労死が世界で最も多いのは、実は「中国」だという説も。中国の国営メディアによると、「中国国内では年間約六〇万人が過労死している」という。

無論、労働者の総数が日本とは大きく異なるので、単純な比較は難しい。

近年、日本でも「働き方改革」という言葉が叫ばれている。このような動きは、安倍政権が掲げる「一億総活躍社会」の実現に向けて推進されており、日本人の暮らし方の変革を促すものだとされる。

「プレミアムフライデー」なる試みも二〇一七年から始まっているが、今後、人々の生活に

根付くかは未知数であろう。一〇年後くらいには、

「そんな言葉もあったな」

と死語になっているような気がしないでもない。

●最後の望み

地球滅亡の前日に思うこと。
イタリア人「愛人と共に過ごそう」
日本人「仕事を今日中に終わらせよう」
ロシア人「今日は二日酔いを気にせずに飲もう」

●決闘

アメリカ人と日本人が喧嘩となり、決闘することになった。約束の日時、アメリカ人は決められた場所に姿を現した。彼は自分の人生のすべてを賭けて、決着を付ける覚悟だった。

アメリカ人は日本人の到着を待った。しかし、時間になっても日本人は現れない。や

がて、アメリカ人のスマートフォンに一通のメールが入った。それは例の日本人からだった。そこにはこう書かれていた。
「仕事がどうしても終わらずに抜けられない。すまないが、先に始めていてくれ」

●疾走

各国の人々が全力で走っている。その理由は？
アメリカ人……健康のため
イタリア人……女性にもてる体格になるため
ドイツ人……美味しいビールを飲むた

め
フランス人……「走るな」と言われたため
日本人……働く体力をつけるため
メキシコ人……追っ手から逃げるため

●遅刻

とある日系企業。一人のイタリア人従業員が、遅刻して出社してきた。上司の日本人が怒って問いつめた。

「どうして遅刻したんだ？」

「はい。ちょっと寝過ごしまして」

日本人上司は首を横に振りながら言った。

「君は家でも寝ているのかね？」

●二つの願いごと

フィリピン人の青年の前に天使が現れた。天使は言った。

「願いごとを二つ、叶えてあげましょう」

青年はまずこう言った。

「俺を日本人にしてくれ。東京で暮らしてみたいから」

「おやすい御用」

彼の姿はたちまち日本人になった。

「それじゃあ二つ目の願いごとは？」

「そうだな。俺はもう一生、働かずに過ごしたいな」

「おやすい御用」

次の瞬間、彼の姿はフィリピン人に戻っていた。

●報告

中国への進出を果たしたとある日本企業。日本人の上司が中国人の従業員に言った。

「明日からは在庫の管理を徹底して行う。一日に必ず三回、在庫の数を数えなさい」

「わかりました」

翌日、中国人従業員が在庫の報告にやってきた。

「それでは報告します。一度目に数えた時が五三個、二度目が五〇個、三度目が五二個でした」

●最期の言葉

とある世界的な日本企業の社長が大病を患い、死の床にあった。病室には会社の幹部などが集まっていた。社長は薄れゆく意識の中で言った。

「副社長はおるか？」

「はい、ここにおります」

「専務は？」

「もちろん、おります」

「部長はどうしてる？」

「はい。ここに」

社長は目をつむり、ため息をついた。そして、次の瞬間、彼は目を見開き、大声でこう叫んだのである。

「会社はどうなっておるか！　馬鹿者！」

●価値観

問い・額に汗して稼いだ一万ドルと、一日にして株で儲けた一万ドル。どちらに価値があるだろうか？
日本人「額に汗して稼いだ一万ドルの方が価値がある」
ドイツ人「どちらも同じ一万ドル。価値は同じ」
アメリカ人「君たちはコストパフォーマンスという言葉を知らない？」

【人口問題】

●四人目の子

とある日本人の一家。妻は四人目の子を身ごもっていた。ある朝、新聞を読んでいた妻が突然、夫に向かってこう叫んだ。

「あなた、大変よ。どうしましょう」

「どうしたんだい？」

妻は動転した様子でこう言った。

「生まれてくる子供の四人に一人は中国人だって書いてある！」

深刻な少子化

日本で「少子化」という問題が指摘され始めてから、すでに多くの年月が流れている。現在のペースで少子化が進むと、西暦三二〇〇年には日本の人口は限りなくゼロに近付くという試算まである。政府は様々な対策を講じているが、充分な結果が出ているとは言いがたい。

東ヨーロッパに位置するルーマニアは、ニコラエ・チャウシェスクが率いた共産党独裁時代に「多産化政策」を推進。「人口

は国力なり」と掲げたチャウシェスクは、「四十五歳に満たない女性は、子供を四人産むまで中絶してはならない」と制度化した。違反中絶には半年から最高二年の懲役刑が科せられ、避妊具の使用も禁じられた。

その結果、出生率は増加したが、経済状況が低迷するルーマニア社会がその後に招いたのは「捨て子の増加」であった。生活の苦しい家庭が、子供たちを次々と手放していったのである。捨て子たちは「チャウシェスクの子供たち」と呼ばれるようになった。

極端な人口政策が、社会の深刻な混乱を生むことを実証した一つの哀しき事例である。今もマンホールなどで暮らす「チャウシェスクの子供たち」が、人口政策の難しさを物語っている。

日本も戦時中に「産めよ増やせよ」というスローガンで、人口の増加を目指した時代があった。結果、人口政策に対するアレルギー反応がいまだ国民の間に色濃いのも当然のことと言えよう。

しかし、だからと言って、少子高齢化の問題をこのまま放置することは極めて危険である。二〇一六年の年間出生数は、一〇〇万人を割り込んだ。すでに「大人用おむつ」の売り上げが、「子供用おむつ」を追い抜いたという調査もある。子供（十五歳未満）の数が、ペットの数を下回っているという統計も。

ちなみに、「日本は高齢化社会」という表現は正確に言うと間違い。WHO（世界保健機構）によると、総人口のうち六十五歳以上の高齢者が七％を超えると「高齢化社会」、一四％を超えると「高齢社会」、二一％を超えると「超高齢社会」と呼ぶと定義されている。日本の割合は現在、二五％以上。つまり、日本は「高齢化社会」ではなく「超高齢社会」なのである。

【英語力】

●ゴルフ場にて

英語が苦手なタナカが、アメリカでゴルフをすることになった。

張り切って臨んだタナカだったが、あるホールで彼は深い失望を感じる事態に陥った。

「パターとサンドウェッジを持ってきてくれ」

そうキャディーに頼んだ彼のもとに届けられたのは、バターとサンドウィッチだったのである。

●注文

日本人男性がイギリスを旅行していた。彼はロンドンで一軒のレストランに入った。

しかし、彼はメニューの英語を読むことができなかった。そこで彼は適当にメニューを指差して注文した。

しばらくして、彼のテーブルに運ばれてきたのはカレーライスだった。彼は、

（しまった。ロンドンまで来てカレーとは……）

とガッカリした。

そんな彼がふと隣のテーブルに目をやると、一人の紳士が美味しそうな白身魚の料理を食べていた。紳士はその料理を食べ終わると、ウェイターにこう言った。

「アンコール」

すると紳士のテーブルに、先ほどと同じ白身魚の料理が運ばれてきた。それを見た日本人は、

（なるほど）

と思い、ウェイターにこう言った。

「アンコール！」

彼のテーブルには二つ目のカレーライスが並ぶこととなった。

英語が苦手

「日本人は英語が苦手」としばしば言われる。「優秀」なはずの日本人だが、こと英語に関しては確かに苦手意識が強いようだ。

その背景には、日本国内にいる限り、「英語ができなくても問題なく過ごせる」という環境面の要因が大きいだろう。このような条件下にある国家というのは世界では意外と珍しく、ヨーロッパやアジアでも「英語が話せないと不便」「大学教育は英語でしか受けられない」といった国は少なくない。

そんな日本も、近年では「観光立国」を目指すとあって、街のあちこちに英語表記の案内板などが増えてきた。これは外国人旅行者にとっては嬉しい傾向であろう。ただでさえ、東京の鉄道の駅などは外国人の間で、

「ラビリンス」

などと称されている状態である。ただし、ゲーム好きの訪日客の中には、

「日本は駅までがゲームのよう」

と喜ぶ向きも一部にあるのだとか。

いずれにせよ「国際都市・東京」に相応しい「街のかたち」を整えるのは当然のことであろう。

●二つの夢

ニューヨークに留学中の日本人学生が、アメリカ人の友人と話していた。日本人学生が言った。

「僕は将来、野球選手としてメジャーリーガーを目指すか、通訳として日本とアメリカの架け橋になるかで悩んでいるんだ。どう思う？」

「そうか。僕は野球選手を勧めるよ」

「どうして？　君は僕のプレーを見たことがあったかい？」

アメリカ人が言った。

「いや、ないよ。でも、英語はいつも聞いているからね」

●電話番号

アメリカ人の男たちが、街で二人の日本人女性をナンパした。

「ねえ、一緒に遊ばないかい？　電話番号だけでも教えてよ」

すると一人の日本人女性が言った。

「Sex! Sex! Sex! Free sex tonight!」

男たちは狂喜した。するともう一人の日本人女性がこう言った。

「彼女はこう言ったのよ。『666-3629』。彼女の電話番号ね」

●言葉の苦労

ニューヨーカーが東京へと観光に行った。旅行から戻った彼に友人が聞いた。

「東京では言葉の苦労はなかったかい？」

彼はこう答えた。

「僕はなかったよ。彼らは苦労してたけど」

●教科書通り

アメリカの病院の診察室で、医師が日本人の患者に聞いた。

「How are you？」

日本人の患者が答えた。

「I'm fine thank you. and you？」

おかしな教科書

数年前、私の自宅にアメリカ人の高校生がホームステイしたことがあった。彼は日本のゲームのファンで、

「尊敬する人物は、任天堂の岩田聡社長（当時）」

というかなりの親日派であった。

彼は「憧れの聖地・日本」で、「本場のゲーム」をいろいろとやりたかったようだが、残念なことに拙宅にはゲーム機が一つもなかった。私は「ファミコン世代」ではあるが、最近のゲームのことは何もわからない。彼はそのことを知って、少々ガッカリしたようであった。

そんな彼が最も喜んだのは、新宿に連れていった時であった。「日本にしか売っていないゲームキャラクターのフィギュア」とやらを見つけた彼は、随分と興奮した様子でそれを購

入していた。

ある日の夕食後、そんな彼が一冊のテキストを見せてくれた。それは、彼が訪日前に日本語の勉強のために使っていたというテキストであった。彼が笑いながら言う。

「この中に、すごくおかしな例文があって……」

彼が指し示した例文を見てみると、そこには英語とローマ字表記と共にこう書かれていた。

「私のホバークラフトは、うなぎでいっぱいです」

これまで長く日本で暮らしてきた私だが、こんな日本語を使ったことは一度もない。そして、疑う余地もなく、これからも使わないであろう。

もっと他に日常会話の中で役立つフレーズが山ほどあるはずだが、いかなる理由でこのような文章が選ばれてしまったのか。いまだに深い謎である。

●過去形

日本の小学校で英語の試験が行われ、次のような問題が出題された。

「次の英語を過去形にしなさい。

I go to Tokyo」

スズキ君は解答用紙にこう書いた。

「I go to Edo」

●オープン

東京のとあるスシ・レストラン。アメリカ人の観光客が日本人の料理長に向かって英語で何か言った。しかし、その料理長は英語がわからなかった。

それでも「オープン」という単語だけは聞き取れたので、彼は店の営業時間を聞かれたのだと思い、カタコトの英語でこう答えた。

「毎日、夜の二十二時まで開いています」

しばらくすると、また別の外国人観光客から同じように話しかけられた。今度もやはり「オープン」という単語だけ聞き取れたので、同じ返事をしておいた。

しかし、その後も何度か同様のことが繰り返されたので、料理長は英語のできるアルバイトの青年を呼んでこう頼んだ。

「あそこにいる外国人のところへ行って、さっき私に何と言ったのか、聞いてきてくれないか？」

数分後、青年は話を聞いて戻ってきた。料理長が聞いた。

「あの客は私に何て言ったんだって？」

青年が答えた。

「『ズボンのチャックが開いてますよ』と言ったそうです」

【お金持ち】

●ローマ教皇

金持ちの日本人がヨーロッパへ旅行に行った。彼はバチカン市国でローマ教皇に会いたいと思っていた。

サンピエトロ寺院の前で、彼は群衆と共にローマ教皇の登場を待った。彼は金にものを言わせ、高価なブランドの服で自らを飾っていた。群衆の中で最もキレイな服を着て目立っていれば、ローマ教皇から話しかけてもらえるかもしれないと考えたのである。

やがてローマ教皇が姿を現した。しかし、ローマ教皇はその日本人の前を通り過ぎ、一人の薄汚れた物乞いに穏やかな表情で話しかけたのである。

その光景を見た日本人は、

「なるほど」

とつぶやいた。そして、彼はその後、先ほどの物乞いに一〇〇〇ドルを払って、自らの服と物乞いの服を交換してもらったのだった。

翌日、彼は物乞いから手に入れた服を着て、再びローマ教皇の登場を待った。

やがて、ローマ教皇が姿を現した。するとローマ教皇はその日本人のもとに近付いてきた。日本人は感激した。そして、ローマ教皇は彼に小さな声でこうささやいたのである。

「昨日、目障りだから消えろと言ったはず

じゃないか」

●食堂にて

アジアの奥深い田舎を、一人の日本人が旅していた。村の小さな食堂に入った日本人は、チキンを注文した。

勘定の際、日本人は驚いた。チキン一つが一〇〇ドルもするのである。日本人は店主の男に聞いた。

「おい、この村ではニワトリが珍しいのか？」

店主は答えた。

「いえ」

「それなら、どうしてこんなに高いんだ？」

店主は言った。

「日本人が珍しいんでね」

●上司の対応

ニューヨークのとある銀行に、一人の日本人がやってきた。彼は窓口の女性にこう言った。

「おい、このカス銀行！」

「はい？　あの、何でしょうか、お客様？」

「すぐにカス口座を作ってくれ」

「少々お待ちください」

窓口の女性はそう言って、上司のもとへと走った。話を聞いた上司は、

「なるほど。では私が対応しよう。こういう時には毅然と対処するのが一番だ」

と言って窓口へと向かった。上司は日本人に尋ねた。

「お客様、何かご不満な点でもあるのでしょうか？」

日本人は答えた。

「そうじゃない。俺は会社の経営者なんだが、今度、アメリカで一〇〇〇万ドル規模のビジネスをやるんでね。いや、二〇〇〇万ドルを超える規模になるかな。まあ、お金に糸目は付けない。そこで、とりあえずこのカス銀行にカス口座を作りに来たんだよ」

それを聞いた上司は、

「そうでしたか」
と言って続けた。
「かしこまりました。先ほどは窓口のカス女が大変失礼いたしました」

移り変わる金持ちキャラ

世界のジョークの中で欠かせないのが「金持ちキャラ」。その役柄は地域や時代によって、様々な民族が演じることになる。

先のジョークも以前はユダヤ人の出演が多かった。しかし、それがバブル期の日本人に取って代わり、そして最近では中国人やアラブ人が登場するバージョンへと移行しつつある。ジョークというのは、まさに時代を映す鏡である。

世界経済における日本のプレゼンスが相対的に低下したことにより、「日本人＝お金持ち」というイメージは以前よりも薄まった。かつて流行した「エコノミック・アニマル」といった言葉は、もはや死語になっている。

それでも日本の経済規模は今も「世界第三位」。バブル期のような「拝金主義者」「銭ゲバのビジネスマン」としての登場は御免蒙りたいものだが、かといって他の民族に「金持ちキ

ヤラ」を奪われるのも、少し寂しい気がする。

●ドル紙幣

問い・アメリカのドル紙幣は、どうして少し緑っぽい色をしているのか？

答え・日本人がさっさと刈り取ってしまうから。

●SOS

一隻の客船が太平洋の真ん中で難破した。船は沈んでしまったが、乗客の一人であったアメリカ人のジョンは、懸命に泳いで何とか無人島までたどり着いた。

ジョンは砂浜に大きく「SOS」と書いた。しかし、一週間経っても助けは来なかった。

困り果てた彼は一計を案じ、砂浜に「売地」と書いた。すると、彼の目論みは見事に当たった。

日本の不動産会社の社員が、すぐさま姿を現したのである。

●金よりも

アメリカの大企業の社長がニューヨークのレストランで食事をしていると、日本の商社マンが突然やってきてこう声をかけた。

「何か良いビジネスチャンスはないか？」

食事中だった社長は、日本人のマナーの悪さに顔をしかめた。日本人はなおも聞いた。

「何か儲けになるような話はないか？」

社長は持っていたフォークとナイフを静かに置き、そしてこう言った。

「君はお金のことばかり考えているようだが、人生にはもっと大切なものがあるんだ」

「なるほど」

「そんな話を聞きたいとは思わないかい？」

「オッケー」

日本人は続けてこう言った。

「その話はいくら？」

●族長

アフリカに住む部族の族長が、日本に観光に行った。

数週間後、戻ってきた族長に対し、部族の者たちが聞いた。

「日本人というのは、どういう連中ですか？」

「そうだな。彼らは商売がうまい」

族長は買ったばかりのスキー板を撫でながら、そう答えた。

●商売上手

日本の商人は中国の商人に負ける。

中国の商人はインドの商人に負ける。

インドの商人はアラブの商人に負ける。

アラブの商人は日本企業に負ける。

【身体的特徴】

●目隠し

アメリカ人がレストランで食事をしていた。すると、そこに一人の日本人男性が近付いてきてこう言った。

「君のような大きくて丸い目には、もううんざりだ」

アメリカ人が答えた。

「それなら目隠しでもしたらどうだい？」

「目隠し？　そんなものがどこにあるんだ？」

アメリカ人が言った。

「俺の靴紐でも使えよ」

「目が細い」は差別か？

「日本人の目が細い」というのがオチ。場合によって「日本人」は「中国人」や「韓国人」になったりする。このネタのように、ジョークの中には身体的な特徴を笑うものもある。

しかし、こうしたネタは扱いがとても難しい。ジョーク好きのアメリカ人やイギリス人も、身体的なオチにはかなり気を使うのが普通である。「差別」と紙一重の関係にあるためだ。

アメリカには「ザ・スランツ（The Slants）」という名のロックバンドが存在する。メンバーはアジア系アメリカ人で、「スラント（slant）」とは「つり目」のこと。アメリカでは一般的にこの言葉は「蔑称」とされる。

しかし、このバンドのリーダーであるサイモン・タム氏は、

「差別語として使用されてきた言葉を、差別される側が肯定的な意味で使う再領有」

と主張。「差別を逆手に取ったバンド名」ということになろう。

私は以前、二年ほどルーマニアに住んでいたことがあるが、

「日本人は目が細いね」

と言われた経験が何度もある。私は当初、この言い方をあまり愉快に思わなかった。しかし、しばらく暮らしている内に、どうも大半のルーマニア人は差別的な感情などない状態で、

このフレーズを口にしていることに気が付いた。中には、

「目が細い方がカッコいい」

と語る女性も少なからずいた。一概に「差別」「悪口」とは言い切れない部分があるのも事実であろう。

ちなみに、世界史における国際会議の場で、「人種差別の撤廃」を初めて主張したのは日本。第一次世界大戦後の一九一九年、日本は国際連盟委員会において「人種差別の撤廃」を提案した。当時としては画期的なこの提案に、フランスやイタリア、ギリシャなどは賛成したが、アメリカやイギリスは反対。結局、この提案は否決された。

先進国の多くが植民地を持っていた時代の話である。

【国旗】

●ラクな仕事

世界で最もラクそうな仕事とは？

3位　バチカン市国での人口調査

2位　日本の国旗を描く仕事
1位　経済学者

日章旗と月章旗

ちなみにバチカン市国の人口は、二〇一六年の統計で八〇九人。

2位のネタとなっているのは、日本の国旗である「日の丸（日章旗）」のシンプルさ。だが、実際にはデザインに関して、しっかりとした規定が存在する。

一九九九年に施行された「国旗及び国歌に関する法律」によると、「旗の形は縦が横の三分の二の長方形」「日章の直径は縦の五分の三で、中心は旗の中心」というのが正式なデザインだそうである。色は白地

に「紅色」の日章が正しいとされ、「赤色」ではない。

世界には日本の影響を受けた国旗を持つ国もある。バングラデシュの国旗は、緑の地色に赤い丸が付されたものだが、これは「日の丸を参考にした」と言われている。

南太平洋に位置するパラオ共和国の国旗は、明るい青の地色に黄色い丸という図柄。これは青が海、黄色が満月を意味しているという。パラオは一九九四年にアメリカの統治領から独立したが、この時に住民投票で日章旗とよく似たこの「月章旗」が選ばれたのであった。

パラオは第一次世界大戦後に日本の委任統治領となった島々から構成される国である。パラオはそれまでドイツの植民地であったが、国際連盟の委任によって日本の統治領となった。日本はその統治時代、島のインフラ整備や産業振興、島民への教育などに力を入れた。その影響からパラオの人々は今も日本に対し、「兄弟国」としての親しみを抱いている。

二〇一五年四月、天皇皇后両陛下がパラオを行幸啓。「戦後七〇年」の節目に実現したこの慰霊の旅に私は同行取材することができたが、島で私たちを迎えてくれたのは日章旗と月章旗、そして島民たちの素朴で朗らかな笑顔であった。

【地震】

ツナミの衝撃

二〇一一年三月十一日、東日本大震災が発生。

津波による甚大な被害と、福島第一原子力発電所の事故に関するニュースは、世界中の人々に未曽有の衝撃をもたらした。「ツナミ」はすでに以前から国際語となっていたが、この言葉が世界中でこの時ほど口にされたことは、それまでになかった。

世界各地から日本への励ましの声が届き、莫大な支援金が寄せられた。アメリカのオバマ大統領（当時）は、

「いかなる必要な支援も提供する」

と発言。ドイツのメルケル首相は、

「日本が恐ろしい地震に襲われたことに大変な衝撃を受けている。犠牲者に哀悼の意を示すと共に、ドイツはいつでも日本に援助を提供することを約束する」

と述べた。また、二〇〇九年にイタリア中部地震を経験したラクイラ市のチアレンテ市長

は、

「我々は市の再建に対する日本の貴重な貢献を決して忘れない。ラクイラにとって貴国の悲劇は人ごとではない」

と表明した。

そんな東日本大震災の折に世界が驚嘆したのが、日本人の秩序ある行動と忍耐強さ。大規模な暴動が起こることもなく、黙々と配給の列に並ぶ日本人の姿に、世界は驚き、そして心を動かされた。

しかし、その一方、これだけ大きなニュースとなると、様々な表現が生まれるのも事実。中には、ツナミに関して「不快」「不謹慎」とも言えるようなジョークもある。あえて以下に紹介する。

●ツナミ
日本というのは本当に先進的な国だ。

人がわざわざビーチまで行かなくても、ビーチが来てくれるのだから。

川島選手へのジョーク

不謹慎なジョークと言えば、サッカー日本代表の川島永嗣選手に対するフランスのテレビ番組が引き起こした騒動を思い出す方も多いであろう。

二〇一二年十月十三日、フランス国営テレビ「フランス２」の人気番組「オン・ネ・パ・クーシェ」は、日本対フランスの親善試合の結果を紹介。試合は日本の勝利に終わっていたが、番組ではゴールキーパーとして鉄壁の守備を見せた川島選手の活躍ぶりを伝えた上で「川島選手に腕が四本生えている」合成写真を放送。そして、司会のローラン・リュキエ氏が、

「福島の影響があっても私は驚かない」

と発言したのである。

これに対し、日本側は藤村修内閣官房長官（当時）が公式に抗議。その後、テレビ局の社長が正式に謝罪し、ローラン・ファビウス外務大臣も陳謝した。

しかし、当のリュキエ氏は、

「ばかげた議論」

とコメント。謝罪や反省の言葉は聞かれなかった。

ジョークというのは簡単なようで難しい。笑いは薬にもなれば毒にもなる。何でも自由に許されるわけではない。

同番組のジョークは、日本人の多くを不愉快な思いにさせた。しかし、唯一の救いは大半のフランス人が、

「あのジョークは最低」

と反応してくれたことであった。

第五章

歴史＆宗教篇

サムライ＆カミカゼは何処へ？

【サムライ】

●処刑人

強盗や殺人を繰り返してきた凶悪犯が捕まり、とうとう処刑されることになった。ついに断頭台で首をはねられるのである。凶悪犯が叫んだ。

「最後の願いだ。世界で最も腕の良い処刑人を呼んでほしい！」

凶悪犯の願いは叶えられ、一人の処刑人が呼ばれた。それは日本からやってきた一人のサムライだった。

凶悪犯は断頭台で首を差し出し、その瞬間が訪れるのを静かに待った。しかし、いくら待ってもその瞬間は訪れない。堪え切れず、凶悪犯がわめいた。

「冗談じゃない、早くやってくれよ！　この状態で待たされるなんてあんまりだ！」

するとサムライがボソリと言った。

「もう終わっていますよ。身体をゆすれば首は落ちますよ」

●ウソ

とある日本人の家。男の子が母親に向かって叫んだ。

「大変だ！　お父さんが屋根裏でハラキリしちゃった！」

「何ですって？」

驚いた母親に、男の子が笑って言った。

「ウソだよ！　今日はエイプリルフールじゃないか！」

「やだ、もう」

母親は安堵の表情を浮かべた。男の子が続けた。

「お父さんがハラキリしたのは、屋根裏じゃなくて地下室だよ！」

●本物

ハリウッドで日本を舞台にした映画が撮影されていた。サムライ役の男優が監督に言った。

「次のシーンでは、本物のサケを飲みたいな。俺はいつでも本物志向なんでね。とびっきり良いサケを用意してくれよ」

監督は答えた。

「よし、いいだろう。その代わり、ラストのハラキリのシーンでは、本物の刀を使ってくれ」

サムライへの高い関心

ハリウッド映画『ラストサムライ』のヒットなど、海外の人々は何かと「サムライ・ネタ」がお好き。

そもそも「サムライ」という存在が世界的に広く知られるようになったのも、映画の影響が大きい。黒澤明監督の名作『七人の侍』がその「火付け役」だったと言われる。

海外で有名な「サムライ」と言えば宮本武蔵。吉川英治の『宮本武

蔵』は世界各地で翻訳され、多くの読者を獲得している。歴史小説として読まれているだけでなく、「人生訓」「日本を理解するための必読書」としても愛読されている。スペインのF1ドライバー、フェルナンド・アロンソは、背中に武士のタトゥーを入れている。これは肥前国佐賀鍋島藩士・山本常朝が武士の心得について説いた『葉隠』に感銘を受けてのことだという。アロンソは自身のツイッターで、こう書いている。

「サムライはためらうことなく戦う。目標を達成するまで疲労を認めることもなく、わずかな落胆も見せたりしない」

アロンソは新渡戸稲造の『武士道』も愛読書であるという。

●箱の中身

各国の潜水艦が保管する「緊急事態が発生した場合、最後に開ける箱」の中には、何が入っている？

アメリカ……星条旗
ドイツ……聖書
日本……ハラキリ用の刀

ロシア……ウォッカ

●日本人の強盗

問い・日本人の強盗は何て叫ぶ？

答え・金をすべて寄越せ！　さもないと俺は腹を切るぞ！

●最善の方法

ガス自殺を試みた夫に、妻が怒って言った。

「冗談じゃないわよ」

「本当にすまない」

妻が叫ぶようにして続けた。

「こんなことならハラキリしてくれれば良かったのよ。見てよ、このガス代の請求書！」

●切腹

一人のサムライが今まさに「ハラキリ」をしようとしていた。
彼が日本刀を手にした時、不意に香ばしい「テリヤキ」の匂いが台所から漂ってきた。
彼はテリヤキが大好物だった。
彼は思わず日本刀を置き、台所へ行った。そこでは妻が料理をしている最中だった。
彼は、
（人生の最期に）
との思いでそのテリヤキを一口、食べようとした。すると妻が強い口調で言った。
「ダメよ！　それは葬式の時に出すものなんだから！」

【戦争と日本軍】

●優秀な軍隊

世界で最も優れた軍隊を決めるコンテストが行われた。その内容は「森に放した一羽のウサギを最初に見つけた軍が勝ち」というものだった。参加したのはドイツ軍、日本軍、アメリカ軍、ロシア軍だった。

まず最初にドイツ軍が挑戦した。ドイツ軍は森の面積や木々の種類、湖や川の有無、ウサギの習性などを綿密に調査し、一週間後にウサギを見つけることができた。

続いて日本軍が挑戦した。日本軍は食事も睡眠もとらずに探索を続け、三日後にウサギを見つけることができた。

次にアメリカ軍が挑戦した。アメリカ軍は森を焼き払い、わずか一日でウサギを見つけることができた。

最後にロシア軍が挑戦した。ロシア軍は森の中に入っていったが、たった二時間ほどで戻ってきた。彼らは一匹のアライグマを手にしていた。そのアライグマは全身をメッタ打ちにされていた。疑問に思った審査員がロシア軍の隊長に聞いた。

「これはどう見てもアライグマではないですか？」

するとアライグマの顔をじっと覗き込んだ。するとアライグマが口を開いてこう言った。

「いいえ、私はウサギです！　ウサギです！」

●徴兵検査

第二次世界大戦中のアメリカ。日本との戦争は、いよいよ激しさを増していた。

そんなある日、大学で日本語を専攻する一人のアメリカ人が、徴兵検査を受けることになった。彼は「軍は日本語のできる人材を求めているのだろう」と考えた。しかし、彼は入隊したくなかったので、検査に落ちるよう振る舞おうと決めた。

迎えた検査当日、係員がこう質問した。

「ではそこの紙に書いてある日本語を読んでみてくれたまえ」

彼はこう答えた。

「できません。実は私は勉強が嫌いで、日本語もほとんど読めないのです」

するとと係員が言った。

「合格！」

青年は驚いて聞いた。

「どうしてですか？」

係員は表情一つ変えずにこう答えた。

「これは聴覚の検査だ」

●カミカゼ

問い・カミカゼパイロットの一人である彼は、なぜ出撃後に基地に引き返したのか？

答え・ヘルメットを忘れたため。

神風特別攻撃隊の発足

昭和十九年（一九四四年）十月、最初の神風特別攻撃隊となる「敷島隊」が発足。編成地はフィリピンのルソン島にあるマバラカット飛行場である。

出撃前、敷島隊の隊長である関行男は、海軍報道班員の取材に対してこう述べた。

「日本もおしまいだよ。僕のような優秀なパイロットを殺すなんて（略）僕は天皇陛下のためとか、日本帝国のためとかで行くんじゃない。最愛のKAのために行くんだ」

「KA」とは海軍の隠語で「妻」のこと。「かかあ」がその由来だとされる。

当時の日本海軍には、独特の隠語が他にも数多くあった。例えば、「結婚する」を「マリる」、「鼻の下を伸ばす」を「ロング」、「梅毒」を「プラム」などと呼ぶ言い方である。英語を使ったり、言葉を略したりと、昨今の若者言葉と似たような構図が見られる点は極めて興味深い。「若者言葉」というものは、いつの時代にも存在するのであろう。たとえそれが戦時中であったとしても。

同月二十五日、関が率いる敷島隊の六機は、米軍の護衛空母に対し、それぞれ「体当たり」を敢行。「セント・ロー」を撃沈するなど、大きな戦果をあげた。

現在、マバラカット飛行場の跡地には、日本式の鳥居や慰霊碑などが建立されている。同地の管理や清掃などを行っている地元住民の一人は、真剣な眼差しで私にこう聞いた。

「どうして日本の政治家は、命を賭けて祖国を守った人々の慰霊に来ないのですか？　フィリピンでは考えられませんね。これはとても不思議な話ですよ」

●ビンゴ

問い・なぜ日本人はいつもビンゴで勝つことができないのか？

答え・B－29と聞くと逃げてしまうため。

東京大空襲

先のジョークは、不快に感じる方々もいるであろう。

ジョークの中にはこういった類いのものも存在する。とかく先の大戦に関する歴史的なジヨークの中には、センシティブな内容のネタが少なくない。日本人としては楽しい内容とも思えないが、なかなか有名なジョークなので、「世界にはこういう笑いもある」という意味で紹介した。

一応、B29について少しだけ説明を。

第二次世界大戦末期に米軍が投入した大型爆撃機B29は、日本国内の主要都市をまさに「火の海」にした。日本側はこの爆撃機のことを「超空の要塞」などと呼んだ。

昭和二十年（一九四五年）三月十日のいわゆる「東京大空襲」の際には、三〇〇機以上ものB29が飛来。日本の木造家屋を焼き払うために開発された最新型の焼夷弾の投下により、実に八万人以上もの死者が発生した。被災者は一〇〇万人を超えるという未曽有の被害である。単独の空襲の規模としては「世界史上最大の被害」とも言われる。

しかも、空襲の罹災者の多くは非戦闘員である女性や子供であり、このような攻撃はまさに「戦時国際法違反」であった。

こうした日本への無差別爆撃を指揮したカーチス・ルメイ米空軍司令官は戦後、次のように語っている。

「もし戦争に敗れていたら私は戦争犯罪人として裁かれていただろう。幸運なことにわれわれは勝者になった」

●五つの質問

アメリカ人への質問。

問い1・数え切れないほどのアメリカ先住民を虐殺したが？
答え1・重要ではない。
問い2・約一〇〇〇万人もの黒人を奴隷として売買したが？
答え2・重要ではない。
問い3・日本に二発の原子爆弾を落としたが？
答え3・重要ではない。
問い4・中東の市民は今も戦火に苦しめられているが？
答え4・重要ではない。
問い5・9・11は？
答え5・世界史における最も残虐な事件。

オバマ大統領の広島訪問

二〇一六年五月二十七日、アメリカのオバマ大統領（当時）が、被爆地である広島を訪問。広島をアメリカの現職大統領が訪れたのは、初めてのことであった。

慰霊碑に献花したオバマ大統領は、「核兵器のない世界」に向けた所感を約一七分間にわたって朗読。オバマ大統領はその後、二名の被爆者代表と抱擁した。日米関係にとって、大きな節目となる出来事であった。

世界のメディアは、このニュースを「和解」という言葉と共に大きく報道。アメリカの主要テレビ局は、早朝の時間帯（アメリカ時間）であったにもかかわらず、生中継でその動向を伝えた。『ニューヨーク・タイムズ』（電子版）は、オバマ大統領と被爆者の抱擁の場面を「心揺さぶられる瞬間」という言葉で表現した。

同年十二月二十七日（現地時間）には、安倍首相が真珠湾を訪問。追悼施設「アリゾナ記念館」などを訪れ、犠牲者の御霊《みたま》に哀悼の誠を捧げた。日米両国が続けて示した「和解の力」に、世界中から注目が集まった。

憎しみの連鎖が続く国際社会において、日米が具現化したこの一つの道筋には、将来に向けての重要な教訓が隠れていよう。

●素朴な疑問

アメリカ人のジョンは、日本製の目覚まし時計で起きると、日本製のバイクに乗って日系企業に出勤する。

ランチをスシバーでとり、退社後にはカラテの道場へと通う。

夜はリビングで日本のアニメを観た後、カップラーメンを食べ、スポーツニュースでイチローの活躍に胸を躍らせてから眠る。

そして、彼はベッドの中でふとこう思うのだ。

「第二次世界大戦で勝ったのは、本当に私たちだったのだろうか？」

●宿題

アメリカのとある中学校。ある日、生徒たちに「祖父母から第二次世界大戦の話を聞いてくる」という宿題が出た。

ジョニーは自分の祖父に話を聞くことにした。祖父は戦時中、日本軍と戦ったと聞いたことがあったからだ。

一通りの様々な質問を終えた後、ジョニーは冗談めかしてこう聞いた。

「それで、おじいちゃんは結局、何人くらい殺したの？」

白髪の老人は深いため息をついてから、ゆっくりとした口調で話し始めた。

「そうだな。正確にはわからないが」

老人はこう続けた。

「おそらく、何人かは亡くなっているだろうな」

ちなみに、老人の軍での役職は「炊事係」であった。

●潜水艦

日本とロシアの海軍兵士が言い争っていた。
日本人「我が国の潜水艦は世界的に見て最も優秀だ。一度潜ったら、二週間くらい潜航できるのだから」
ロシア人「そんなのは大したことないね。我が国の潜水艦の中には、もう五〇年以上も潜っているのがあるぜ」

【宗教】

●生きるために

アメリカ人と日本人とアラブ人が、それぞれの信じる宗教の優劣を決めようという話になった。高層ビルの屋上から飛び降り、信仰によって誰が生き残ることができるのか、証明しようとなったのである。

はじめにアメリカ人が飛び降りた。

彼は、

「マイ・ゴッド」

と何度も口にしながら十字を切った。しかし、彼はそのまま地面に落ちて死んでしまった。

次に日本人が飛び降りた。彼は、

「ブッダ、ブッダ、ブッダ」

と何度も唱えた。すると、彼は見事にふわりと地面に着地することができた。

最後にアラブ人が飛び降りた。彼は、

「アッラーは偉大なり、アッラーは偉大なり」

と何度も唱えた。しかし、彼の身体は速度を落とすことなく、そのまま地面に向かって落ちていった。地面まであとわずかというところまで来た時、アラブ人はこう絶叫した。

「ブッダ、ブッダ、ブッダ！」

●最も価値のあるもの

問い・日本の仏教界で「最もカッコいいお坊さん」を決めるコンテストが行われた。そして、厳正なる審査の結果、一人の僧侶が選ばれた。彼には仏教において最も価値のあるものが贈られた。それは何か？

答え・無。

禅への関心

「Zen（禅）」はすでに国際語。特にフランスでは「静かな」「落ち着いた」といった意味合いで、一般的に広く使用されている。一九九五年には「Zazie」というフランス人女性シンガーが歌った「ZEN」という曲が大ヒット。また、フランスの自動車メーカーであるルノーには、「ZEN」というネーミングのグレードが存在する。

ヨーロッパの各地には、様々な「禅道場」がある。はじめは日本の柔道や空手といった武道、あるいは書道や茶道などに関心を持ち、その後に禅に興味が移行していくという人が多いようだ。

そのような道場では、実際に日本へ行って修行したという「ゼンマスター」なる人たちの指導により、「ザゼン（座禅）」が実践されている。宗教的なものというよりも、ヨガに近い感覚で気軽に始める人が少なくない。

ヨーロッパの多くの人々は東洋的な価値観に言い知れぬ神秘性を感じるようだが、禅がそういった感情の受け皿となっている側面があるのであろう。私もヨーロッパ滞在中、「ザゼンのやり方を教えてほしい」

ともある。

と聞かれたことが何度かある。また、オランダ人の青年から、こんな質問をされたことも

「スモウレスラーがバトルの前に土俵の脇に座っているが、あれもザゼンの一種なのか?」

いまだに的確な回答を見つけられないでいる。

●朝の過ごし方

ニューヨークのとある小学校。ミセス・ケリー先生が生徒たちに質問した。

「朝、起きてから学校に来るまで、どのように過ごしていますか?」

まずイギリス人のアボットが言った。

「僕は起きたらまず、お母さんとキスをします。それから、イングリッシュ・ブレックファストの朝食を食べて、紅茶をゆっくり飲んでから家を出ます」

続いて日本人のスズキが言った。

「僕は起きたらまず、仏壇に手を合わせます。それから、ザゼンを組み、カップヌードルを食べてから家を出ます」

最後にアメリカ人のデービスが言った。

「僕は起きたらまず、ベランダを三回くらい蹴っ飛ばして、それからオートミールを食べて家を出ます」

先生は「ベランダを蹴る」という意味がよくわからなかったが、そのまま授業を続けた。

翌日、家庭訪問があり、先生はデービスの家を訪れた。デービスの母親がミセス・ケリーに言った。

「先生、いつも息子が大変お世話になっております」

「いえいえ。彼はいつも元気にやっていますよ」

すると、部屋に一人の小さな女の子が入ってきた。母親が言った。

「ほら、お兄ちゃんの先生に御挨拶しなさい」

女の子が口を開いた。

「はじめまして。デービスの妹のベランダです」

第六章

ソフトコンテンツ＆スポーツ篇

ジャパニーズクールとは？

【ゲーム】

●マリオの生き方

人は人種差別主義者になってはいけない。人間はマリオのように生きるべきだ。マリオはイタリアの配管工だが、日本人によって生み出され、英語を話し、メキシコ人のような外見を持ち、黒人のようにジャンプし、そして、ユダヤ人のようにコインを集めるのである。

世界で愛されるマリオ

任天堂のゲームに登場する「マリオ」は、世界中で愛されるゲームキャラクター。「世界で最も知られているゲームキャラクター」として、ギネス世界記録にも認定されている。

ゲームの世界はもちろん、マリオを主役とする実写映画も一九九三年にアメリカで公開。マリオを演じたのは、イギリスの人気俳優、ボブ・ホスキンスであった。

アメリカの経済誌『フォーブス』が「架空の長者番付」というユニークな特集を組んだ際には、「様々なゲームで常にコインを集め続けている」としてマリオもランクインを果たした。

二〇一六年八月二十一日、リオデジャネイロ五輪の閉会式で、安倍首相がマリオの格好で登場したのも、以上のような背景があってのことである。安倍首相の「コスプレ」に対して日本国内では賛否が分かれたが、海外の反応は概ね悪いものではなかった。それどころか、

「日本人は本当に人を楽しませるのがうまい」

「東京オリンピックの金メダルは、マリオ

のコインで決まり」

といった好意的な書き込みが、世界中のネット空間に溢れたのであった。

●地下へ

問い・日本の安倍首相は、地下街ばかり歩いている。なぜか？

答え・国の借金を返すため、マリオに扮装した彼は、地下に潜ってコインを集めている。

●東京で出会いたいもの

日本に旅行に行くアメリカ人が、東京で出会いたいものと言えば？

3位　長い白鬚を生やした老人

2位　制服姿の女子高生

1位　ポケモンのモンスター

「ポケモンGO」の世界的ヒット

二〇一六年、スマートフォン向け位置情報ゲームアプリ「ポケモンGO」は、一年で世界累計ダウンロード数が七億五〇〇〇万回を超えるメガヒットに。株式市場では関連銘柄が軒並み上昇し、「ポケモノミクス」なる言葉まで生まれた。

この爆発的なヒットに伴い、ポケモン探しに熱中する人々を狙った強盗事件などが世界各地で発生。歩きスマホによる事故なども多発した。

オーストラリアでは、ポケモンの探索のために民家の敷地内に入るプレイヤーが続出。西オーストラリア州警察が、

「『ポケモンを集めていた』は不法侵入の言い訳にならない」

という当たり前の警告を発する事態となった。

また、アメリカのワイオミング州では、ポケモンを探していた女性が、人間の死体を発見してしまうという珍事件が発生した。

イスラエルのルーベン・リブリン大統領も、このゲームの大ファンだったとされる。リブリン大統領は自らのツイッターで、

「執務室にネコに似たポケモンがいる」

とつぶやき、

「誰か警備員を呼んでくれ！」

とジョークを飛ばしたのであった。

二〇一七年五月には、ポケモンGOのプレイヤーの歩いた総距離が「一五八億キロメートル」を突破。これは、太陽から太陽系外周部までの距離に相当するという。

●ゲームの効能

「ポケモンGO」は偉大だ。

なぜなら、オバマ大統領が八年かけても解決できなかった「子供の肥満問題」を、あっという間に解決したのだから。

【マンガ＆アニメ】

●宇宙生活

アメリカ人と日本人とフランス人が、宇宙ステーションで二年に及ぶ長期生活を送ることになった。

出発の際、アメリカ人はこう言った。

「二年もの長い宇宙生活だ。最愛の妻を連れていこう」

彼は愛妻と共に宇宙船に乗り込んだ。

次に日本人がこう言った。

「二年もの長い宇宙生活だ。その生活を記録として描いておこう」

彼はマンガを描く道具を持って宇宙船に乗り込んだ。

最後にフランス人がこう言った。

「二年もの長い宇宙生活だ。飲み切れないほどのワインを持っていこう」

彼はワインの入った瓶を山ほど持って宇宙船に乗り込んだ。

二年後、宇宙船は無事に地球に戻ってきた。

アメリカ人の夫婦の間には、可愛らしい赤ちゃんが生まれていた。集まった観衆は宇宙で誕生した初めての生命に感動し、惜しみない拍手をおくった。

日本人は巧みなマンガを見せながら、宇宙の神秘とすばらしさを皆に伝えた。観衆は感動し、惜しみない拍手をおくった。

最後にフランス人が言った。

「誰か栓抜きを持っていませんか？」

海外を席巻する日本のアニメ

新海誠監督の長編アニメーション映画『君の名は。』は、世界一二五ヵ国で上映。全世界での興行収入合計は、それまでの邦画首位だった『千と千尋の神隠し』を抜き、歴代一位となった。

『君の名は。』の英訳タイトルは『Your name.』。微妙にニュアンスが異なるような気もするが、タイトルの英訳という作業は総じて独特の難解さが伴う。ちなみに、夏目漱石『吾輩は猫である』の英題は『I am a Cat』。これでは「吾輩」という言葉に込められた「猫の少し威張った感じ」のおかしみがまったく表現できていない。一説には、日本語ほど多数の一人称代名詞を持つ言語は他にないという。私、僕、俺、あたし、あたくし、わし……。もし自分が外国人だったら、この段階で勉強をやめるに違いない。

それはさておき、日本のアニメの中には、やや意外な作品が思わぬ国で大ヒットしているケースもある。

タイでは『一休さん』が非常に有名。これはタイが敬虔な仏教国であることに起因するのであろうが、頭の良い人を「一休」と呼ぶ言い方まで存在する。

フィリピンではロボットアニメ『ボルテスＶ』が最高視聴率五八％を記録。最初の放送は一九七八年だが、その後も再放送が繰り返されており、男性を中心に抜群の知名度を誇る。同じくロボットアニメの『ＵＦＯロボ・グレンダイザー』は、イラクで社会現象に。私がイラク訪問時にお世話になった通訳の男性も、

「グレンダイザーの大ファン」

とのことであった。私が、

「名前は聞いたことがあるけど、見たことはない」

と言うと、

「日本人なのにグレンダイザーを見ていないなんて！」

と随分と驚かれたものである。

●ジョニーの失敗

アメリカ人のジョニーは「ハヤオ・ミヤザキ」の大ファンだった。彼の作品はすべて見ているという熱狂的な信奉者だった。

彼はコツコツとお金を貯め、ついに憧れの日本に行けることになった。彼は満面の笑

みで日本へと向かっていった。

数週間後、ジョニーは帰国した。しかし、彼は随分と元気を失っていた。心配した友人が聞いた。

「いったいどうしたんだい？　日本で何かあったのかい？」

ジョニーは深くため息をつきながら言った。

「うん。ちょっと旅がうまくいかなくてね」

なぜなら、ジョニーが期待を膨らませて巡った「ミヤザキ県」には、彼の思い描くようなものは何一つなかったのである。

（ヒント……ミヤザキ県はハヤオ・ミヤザキとは何の関係もなく、「日本プロ野球のキャンプ地」として有名な場所である）


【映画】

●核兵器がもたらしたもの

訪日したアメリカの大統領が、日米首脳会談の席でこう言った。

「我が国の核兵器が広島、長崎、東京で引き起こした惨劇について、適切に対応したい」

それを聞いた日本の首相が言った。

「東京は違いますが？」

大統領が答えた。

「しかし、私たちの核兵器がゴジラを生んだのでしょう？」

ゴジラは新宿区民？

特撮怪獣映画『ゴジラ』が初めて公開されたのは一九五四年。そのストーリーは「海底に潜んでいたジュラ紀の怪獣であるゴジラが、水爆実験によってその地を追われ、東京に上陸する」という内容であった。

このような映画の背景が、先のジョークのオチになっている。

第一作が好評だったことから、ゴジラはシリーズ化。さらにファンを広げていった。海外では一九七八年にアメリカでテレビアニメとして放送。一九九八年にはハリウッドで映画化された。

ニューヨーク・ヤンキースなどで活躍した松井秀喜選手のニックネーム「ゴジラ」がアメリカでも広く定着したのは、いまだ記憶に新しいところである。

二〇一五年には新宿東宝ビルに実物大の「ゴジラヘッド」が設置され、新たな観光名所に。新宿区はゴジラに「特別住民票」を交付するという粋な計らいを見せた。

そんな「新宿区民」のゴジラだが、二〇一九年にはハリウッド版の続編『ゴジラ2(仮)』が公開される予定だとか。再び世界的な話題をさらうであろう。

【ゆるキャラ】

●サハラ砂漠

サハラ砂漠に各国の人々が暮らし始めると、三年後、どうなっている?

アメリカ人……星条旗がそこらじゅうに立っている
中国人……人口爆発が社会問題になっている
日本人……おかしなマスコットができている
北朝鮮……砂不足に悩まされている

ゆるキャラ

日本の「ゆるキャラ」の正式名称は「ゆるいマスコットキャラクター」。この不可思議なブームは、アメリカのテレビなどでも「ビックリニュース」の扱いでたびたび紹介されている。

二〇一〇年に熊本県のPRのために生まれた「くまモン」は、アメリカの『ウォール・ストリート・ジャーナル』の一面や、中国の国営放送でも大きく取り上げられた。

そういった日本の「ゆるキャラブーム」を知った外国人は、
(日本人は本当に変わっているなあ)
といった感想を強く抱くことになる。

とりわけ警察、消防といった行政機関や、各地の地方自治体などがこぞって「ゆるキャラ」の制作に励んでいる光景は、海外の人たちの目にはかなり奇異に映るようだ。もっとも当の日本人も、多くの人々が不思議に感じているとは思うが。

とはいえ、訪日する外国人観光客の中には、各地でユニークなご当地キャラクターに迎えられることを楽しみに来る人も増えているとか。

日本はどんどん「謎の国」へと突き進んでいる。

【エンターテインメント】

●薄い本ランキング

世界で最も薄い本とは?

3位『イギリス——美食の研究』

2位『ピコ太郎歌詞集』

1位『トランプ大統領名言集』

ピコ太郎のメガヒット

二〇一六年、突如として「世界で最も有名な日本人」とも言えるような存在となったのが「ピコ太郎」。「ペンパイナッポーアッポーペン（ＰＰＡＰ）」と歌いながらコミカルに躍る動画は、公開から四ヵ月足らずで再生回数が一億回を突破。その楽曲は世界一三四ヵ国に配信された。

爆発的なヒットのきっかけとなったのは、世界的な人気を誇るカナダ人歌手、ジャスティン・ビーバーが自身のツイッターで、

「インターネット上の私のお気に入り動画」

として紹介したことに起因する。その後、イギリスのＢＢＣやアメリカのＣＮＮもこの動画を取り上げ、その人気は瞬く間に拡散していった。まさに「ネット時代ならではの売れ方」であった。

同年十月には、アメリカのビルボードソングチャートにおいて、初登場七七位を獲得。日本人アーティストのチャートインは松田聖子以来、二六年ぶり、七人目という快挙であった。また、長い歴史を持つビルボードにおける「最も短い曲」という新記録としても認定。ちなみに、楽曲の長さはわずか四五秒である。

先のジョークによると、そんなピコ太郎の歌詞集よりも、トランプ大統領の名言集は薄い

らしい。

●中国のラップ

問い・日本のポピュラー音楽を「JPOP」と呼ぶなら、中国のラップは何と呼ぶ？

答え・クソ（「CRAP」は英語で「クソ」の意味）

【野球】

●怒りの矛先

ニューヨーク生まれのジョンは、熱狂的なベースボール・ファンである。彼は毎回、WBCをとても楽しみにしていたが、アメリカ代表はなかなか思うような成績を残せなかった。彼の怒りはついに頂点に達し、ネットの掲示板に次のような不満の言葉をぶつけた。

「まず、問題は監督だ。選手の選び方が悪い。もっと良い選手は他にいっぱいいるのに」

彼はさらにこう続けた。

「次に問題なのが、やはり選手自身だ。他の国々の選手たちと比べ、熱意と集中力に欠けている。彼らはもっと国を背負って立つという意識を持ってプレーしなければならない」

そして、彼は最後にこう書き込んだ。

「しかし、最も問題なのは、僕の両親だ。僕がニューヨークではなく東京に生まれていれば、こんな思いはしなくて済んだのだから」

野球大国

近年、アメリカでは「日本」と言えば「野球が強い」というイメージが浸透。これまでにメジャーリーグで活躍した多くの日本人選手たちのおかげである。また、WBC（ワールド・ベースボール・クラシック）での日本代表の好成績が、「日本＝野球大国」というイメージの定着に拍車をかけた。

二〇一六年にはイチロー選手がメジャー通算三〇〇〇本安打を達成。四十代になっても一流のプレーを続けるイチロー選手に対し、世界中の野球ファンが最大級の敬意を表している。

また、トロント・ブルージェイズなどでプレーした川崎宗則選手は、ハツラツとしたキャラクターで人気者に。彼のとびっきり明るい性格は、従来の古い日本人像を打破したとも言える。決して充分とは言いがたい英語力ながらも、独特の表現力で楽しげにインタビューに答える彼の姿は、多くのファンを魅了した。中でも二〇一五年、リーグ優勝決定シリーズ進出直後に、地元テレビ局の中継に飛び入り参加した川崎選手が、「次戦への抱負」を尋ねられた際に口にした、

「ただ振れ。ただ投げろ。ただ捕れ。考えずにただ勝て！」

という言葉は、ＭＬＢの公式動画サイト「Cut4」において「人の心を捉えるスローガン」「歴史に残るほどのインタビュー」と讃えられた。同サイトはシーズン終了後、「ムネノリ・カワサキ賞」なる名称で、川崎選手を特別表彰。同サイトが毎年行っているこの表彰式は非常に人気のあるイベントだが、この年のトリを飾ったのが川崎選手だった。

二〇一七年三月、所属するシカゴ・カブスが川崎選手の解雇を発表した際には、次のようなコメントがアメリカのネット上に溢れた。

「もうカブスファンをやめる」

「僕たちはとても大切なものを失ってしまった」

「これは国家的な悲劇」

●切なる願い

日本人という民族はまったくどうかしている。
ベースボールでアメリカに勝ち、
ラグビーで南アフリカに勝ち、
スキーのジャンプでフィンランド人に勝つ。
以下は、イギリス人の切なる願いである。
「どうか日本人がクリケットの存在に気付きませんように」

●野球ファン

日本人の亭主が、テレビで野球中継を見ていた。彼は寝ても覚めても野球のことばかり考えているような男だった。妻が怒って聞いた。

「あなたは毎日毎日、野球ばかり観ているけれど、いったい私と野球、どっちが大切なの？」

すると亭主は言った。

「正直に言えば、それは野球だ。でも、安心しな」

亭主は続けた。

「サッカーよりはお前の方が好きだから」

●夫の決断

日本人の男が友人と話していた。

「うちの奥さん、俺が趣味の野球観戦をやめないと離婚するって言うんだ」

友人が驚いて言った。

「へえ。それは大変だね。お気の毒に」

男はうなずいた。

「うん。でも、こうなったら諦めるしかないよ」

「まあ、そうだろうね」

「ああ。二〇年も連れ添った妻だけど仕方ないさ」

【サッカー】

●初優勝

問い・サッカー日本代表がワールドカップで初優勝した後、日本人がすることと言えば？

答え・プレーステーションの電源を切る。

日本サッカー界の飛躍

「日本のワールドカップ優勝は、ゲームの中でしかあり得ない」という辛辣なオチ。かつては「日本人はサッカーが下手」というイメージが世界的にかなり根強かった。

だが、一九九一年のＪリーグ設立以降は、そんな状況も変わりつつある。ワールドカップも六大会連続出場と、今や日本代表は「常連チーム」。それでも、優勝となるといまだ道は険しいか。

しかし、海外のトップリーグで活躍する日本人選手は着実に増えている。二〇一六年には、イングランド・プレミアリーグのレスター・シティFCに所属する岡崎慎司選手が、チームを創設一三二年目にして初めてとなる優勝に導き、「影のヒーロー」と称された。特に同年三月十四日のニューカッスル・ユナイテッド戦で決めた鮮やかなオーバーヘッドキックは、「伝説級のシュート」「さすがは『キャプテン翼』の国の選手」と世界中で話題をさらった。日本発の人気サッカーマンガ『キャプテン翼』の主人公・大空翼の得意シュートがオーバーヘッドキックだったためである。

最近では、スペインリーグに移籍した柴崎岳選手に注目が集まっている。「Gaku」という名前を、『ドラゴンボール』の主人公である孫悟空の「Goku」ともじったネタも人気。柴崎選手が得点を決めると、ネット上はこんなコメントで盛り上がる。

「ガクが見事な『かめはめ波』を決めた！」

【相撲】

●神よ

アメリカ人とイギリス人とスモウレスラーが、ビルの上から飛び降りて自殺しようとしていた。アメリカ人はこう叫んで飛び降りた。

「神よ、アメリカをお救いください！」

続いてイギリス人がこう叫んで飛び降りた。

「神よ、女王陛下をお救いください！」

最後にスモウレスラーがこう叫んで飛び降りた。

「神よ、私の下敷きになる人がいたらお救いください！」

世界に広がる相撲

「スモウ」も今や世界中に普及。日本人としては、「相撲は普通のスポーツとは異なる」という神事としての面を大切にしたい気持ちも湧くが、海外の人々が相撲の魅力に惹かれる風潮自体は素直に喜んで良いであろう。

以前にモンゴルのウランバートルを訪れた際、一般家庭で日本の大相撲中継を見る機会に恵まれた。モンゴルでは日本の中継が、リアルタイムで放映されている。

当時のモンゴルでは「魁皇」が随分と人気があるようだった。理由は、

「大きな体格も優しそうな性格も、昔ながらの『日本のお相撲さん』という感じがする」とのことであった。

最近では、大関の地位で活躍する豪栄道が、世界各地でなかなかの人気。理由の一つはその「しこ名」で、英語圏の人には、

「Go! Yeah! Do!」

というフレーズに聞こえるのだとか。それが「クールでカッコいい」という話である。

●妻の体格

私の妻は本当に太っている。

スモウレスラーが栄養失調に見えるくらい。

●再会

東京のとある街角。買い物帰りの一人の女性が、高校時代に同じクラスだった男性と約二〇年ぶりにバッタリと出会った。彼女にとってその男性は、実は恋心を抱いていた相手だった。男性がにこやかに声をかけた。

「久しぶりだね」

しかし、彼女はすぐに下を向いてしまった。なぜなら、自分の体格が、細身だった昔とは大きく変わってしまっていたためである。彼女は小さな声で言った。

「ごめんなさい。恥ずかしいわ。私も変わってしまって」

すると男性は言った。

「大丈夫。僕は全然、気にならないよ」

それを聞いた女性はニッコリ微笑んだ。

「本当に？」

「うん。なぜかと言うとね」

男性は続けた。

「僕の兄貴がスモウレスラーでね。こういう体型は見慣れているんだ」

おわりに

アメリカの女流紀行作家であるエリザ・R・シドモアは明治期に来日したが、その際に感じた日本人の印象についてこう表している。

〈この国の群衆は何千人集まっても、爆弾を投げたり、パンや資産の分配で暴動を起こすことはありません。ひたすら桜を愛で賛美し、歌に表すだけが目的なのです〉

『シドモア日本紀行』

また、ラフカディオ・ハーン（小泉八雲）は、次のように記している。

〈日本の生活にも、短所もあれば、愚劣さもある。悪もあれば、残酷さもある。だが、よく見ていけばいくほど、その並外れた善良さ、奇跡的と思えるほどの辛抱強さ、いつも変わることのない慇懃さ、素朴な心、相手をすぐに思いやる察しのよさに、目を見張るばかりだ〉

『新編・日本の面影』

古来、日本人の思考や振る舞いは、多くの外国人を瞠目させてきた。そして、そんな状況はグローバル化が進んだ二十一世紀においても、多かれ少なかれ残っている。

世界各地で楽しまれているジョークの潮流を眺めると、日本人の演じる役回りが、バブル期に広まった「ビジネスマン」の姿を経て、より多様な役柄での出演に変遷しつつあることが見て取れる。言わば「キャラ変」であるが、これは「文化大国」としての重層的な魅力を背景とする本来の個性に戻っただけなのかもしれない。日本人という民族は、余人を以って代え難い個性派俳優の道を歩んでいる。

不思議な国、日本。

面白き人々、日本人。

だが、当の日本人はめまぐるしい時の移ろいの中で、「自分たちの良さ」になかなか気付けずにいるのかもしれない。日々のニュースは暗い事件で溢れているが、報道とは元よりそういうもの。ため息ばかりついていても仕方がない。

かのチャールズ・チャップリンはこう言っている。

「下を向いていたら、虹を見つけることはできないよ」

日本の空にも、きっと虹は出ている。

ラクレとは…la clef=フランス語で「鍵」の意味です。
情報が氾濫するいま、時代を読み解き指針を示す
「知識の鍵」を提供します。

中公新書ラクレ
605

新《しん》・世界《せかい》の日本人《にほんじん》ジョーク集《しゅう》

2017年12月10日初版
2018年2月5日4版

著者……早坂《はやさか》 隆《たかし》

発行者……大橋善光
発行所……中央公論新社
〒100-8152 東京都千代田区大手町1-7-1
電話……販売 03-5299-1730　編集 03-5299-1870
URL http://www.chuko.co.jp/

本文印刷……三晃印刷
カバー印刷……大熊整美堂
製本……小泉製本

Published by CHUOKORON-SHINSHA, INC.
Printed in Japan ISBN978-4-12-150605-4 C1236

中公新書ラクレ　好評既刊

L164
世界反米ジョーク集
早坂　隆 著

地政学的にもイデオロギー的にも揺るぎない超大国アメリカ。しかし、イラク攻撃の口実だった大量破壊兵器は存在しないことが確実、パレスチナ問題での露骨なイスラエル寄りの政策など、傲慢で独善的な外交姿勢は国際社会の批判の的となっている。同時にアメリカは内政でも、根深い人種差別、異様な銃社会など数多くの問題を抱えている。内憂外患の唯一の超大国を揶揄した傑作ジョークに的確な解説を交えて「病めるアメリカ」の核心を衝く。

L202
世界の日本人ジョーク集
早坂　隆 著

世界から憧憬の眼差しが注がれる経済大国？　それとも、物真似上手のエコノミック・アニマル？　地球各地で収集したジョークの数々を紹介しながら、異国から見た真の日本人像を描き出す。『世界の紛争地ジョーク集』（ラクレ124）、『世界反米ジョーク集』（同164）に続く第三弾は、問い合わせの多かった「日本人をネタにしたもの」を満載。笑って知って、また笑う。一冊で二度おいしい本。知的なスパイスの利いた爆笑ネタを、ぜひご賞味あれ！

L309
続・世界の日本人ジョーク集
早坂　隆 著

世界のジョークから日本人が「出演」しているものをピックアップ、海外の人たちの「日本人のイメージ」を考察して大ベストセラーとなった『世界の日本人ジョーク集』。その待望の続篇がついに登場しました。新作ジョークには「アソウ」「マツザカ」など新たな登場人物も参戦。日本は世界からどう見られているかを「笑いながら」探り、パワーアップして読者に届けます。知恵と経験則に基づいた味わい深い至言の数々。今こそ質の良い笑いを！